HADERER

stern
BUCH

HADERER

DAS ERSTE JAHRZEHNT IM STERN

LAPPAN

INHALT

D O N ' T   L O O K   B A C K

**Ein Vorwort im
Rhythmus der Stones**

Dass dieser Mann Schlagzeug spielt, ist irgendwie nicht überraschend. Seine Schläge kommen schnell und präzise, zischen wie ein Hi-Hat, knallen wie eine Snare, streicheln sanft wie ein Besen oder treten dir in den Magen wie eine Bassdrum mit Doppelpedal. Und dass dieser Mann die Rolling Stones, ihren Sound und ihre Songs liebt, ist auch nicht überraschend. Die sind so wie er. Voll mit gekonnten Bösartigkeiten, voll mit Weltschmerz und manchmal voll mit Poesie. Und voll mit dem Wissen, das dich merken lässt, was du nicht machen willst. Dass du dich nicht vereinnahmen lassen willst. Manche denken es, manche sagen es. Haderer lebt es.

I can get no satisfaction

Alle möglichen Jobs hat er gemacht. Nichts hat ihn befriedigt. Auch, wenn er gut war und die anderen zufrieden waren. Er hat es immer so gemacht, wie er es für richtig hielt. Er will sich nicht wohl fühlen. Wenn er sich wohl fühlt, ist er schlecht. Wenn es ihm schlecht geht, wenn er aggressiv wird, dann ist er gut. Aber zufrieden ist er nie.
Niemand macht Musik wie die Stones. Drei Töne und du weißt, wer da spielt. Niemand zeichnet wie Haderer. Drei Striche und du weißt, wer da zeichnet.

You can't always get what you want

Wer solche Bilder zeichnet, weiß, was auf der Welt passiert. Wie diese Welt funktioniert, wer die Jäger und wer die Gejagten sind. Wer so etwas zeichnen will, der muss präzise beobachten. Haderer beobachtet so präzise, dass mancher sich erschrickt.
Weil er sich wiedererkennt und sich ertappt fühlt. Weil er sich abgefunden hat mit einem Leben, das er sich eigentlich anders vorgestellt hat.
Du kannst nicht immer das haben, was du dir wünschst. Aber du solltest es wenigstens versuchen.

Sympathy for the Devil

Auch wenn deine Eltern es dir anders beigebracht haben: Man hat dich nicht immer nur gern, wenn du lieb und nett bist. Manchmal musst du böse und teuflisch sein. Haderer kann bösartig sein. Schön bösartig sogar. Und hinterhältig. Er lockt dich mit einer freundlichen Oberfläche, mit einem Bild voll Harmonie. Und ehe du dich versiehst, verspürst du einen Stich. Weil du erkannt hast, was hinter der Oberfläche steckt. Entweder bist du erschrocken oder du empfindest Schadenfreude, reine Schadenfreude. Dann bist du hier richtig.

Wenn sich die Gutmenschen mit Empörung abwenden und Briefe schreiben. Dann freut er sich. Dann weiß er – er hat getroffen.

Get off of my cloud

Reinreden lässt er sich nicht. Über Themen kannst du mit ihm reden. Aber was er daraus macht, das bestimmt allein er selbst. Und was er daraus macht, das ist immer überraschend.

Wie man ihn in Rage bringen kann? Wenn man ihm ungefragt mitteilt, wie so ein Bild aussehen könnte. Das macht ihn wütend, weil das Bild, das sich langsam in ihm aufbaut, zerplatzt. Deshalb solltest du ihn in Ruhe auf seiner Wolke lassen. Irgendwann kommt er runter. Und er hat etwas dabei. Etwas Verblüffendes allzumal.

Paint it black

Wie weit darfst du gehen, wenn du das kannst, was der Haderer kann? Stößt er an Grenzen? Gibt es für ihn Tabus?

Es gibt sie nicht. Wenn du so denken und malen kannst wie der Haderer, dann kannst du etwas zeigen, ohne dass du es zeigst. Seine Bilder sind wie Filme von Neil Jordan. Da, wo es droht kitschig, besserwisserisch oder voyeuristisch zu werden – Schnitt.

Das nicht Gezeigte ist so präsent, dass du es dir vorstellen kannst. Manchmal sogar vorstellen musst. Haderers Bilder sind wie ein Ausschnitt aus einem Film. Du weißt, was vorher passiert ist, und du weißt, was nachher passieren wird. Das hat etwas viel Brutaleres. Haderer appelliert an deine Augen. Aber vor allem an deinen Kopf.

19th nervous breakdown oder Around and around

Wie schafft er das eigentlich? Ausgerechnet er, der sich selbst diese quälerische Qualität vorschreibt. Ausgerechnet er hat eine wöchentliche Produktion wie kaum ein Zweiter. Du ahnst es? Vergiss es! Er ist nicht ruhig und gelassen. Er ist gereizt, nervös, voller innerer Unruhe. Aber er ist besessen.

Du musst besessen sein, wenn du das durchhalten willst. Wenn du weißt, morgen früh um fünf kommt der Kurierfahrer, der die fertige Zeichnung abholen soll. Und du hast noch nicht einmal angefangen. Aber diese Besessenheit sagt dir, dass du es schaffen wirst. Etwas Besonderes schaffen musst. Auch wenn du morgen früh um fünf vom Stuhl fallen wirst.

Time is on my side

Wann bist du ausgebrannt? Wann gehen dir Ideen aus? Die Antwort ist schlicht. Bei Haderer lautet sie: Nie! Die Zeit ist auf seiner Seite. Denn an der Zeit beißt er sich fest. Die Zeit liefert ihm die Themen.

Das klingt einfach, hat aber einen Haken. Du musst sie erkennen, und das kann nicht jeder. Wenn er die Zeitung liest, mit den Nachbarn spricht, durch seine Stadt geht, dann kommt er nach Hause und der Kopf ist voll. Dann ist er wütend oder belustigt, angeregt oder aufgeregt. Nur kalt lässt ihn nichts. Die Zeit ist voller Themen.

Don't look back

Warum hat dies Vorwort eigentlich den Titel des Stones-Songs „Don't look back"?

Immerhin ist dieses Buch ein Überblick über zehn Jahre Arbeit für den „stern"?

Also doch irgendwie ein Rückblick. Nicht für Haderer. Was war, das war. Und das ist gut so. Wichtig ist, was kommt, nicht, was war.

Auch für uns ist dieses Buch mehr als ein Rückblick. Weil man in Haderers Bildern immer wieder Neues entdecken kann. Auch, wenn man sie schon dreimal gesehen hat. Man muss nur genau hinsehen. Und wenn man die Musik der Stones liebt, dann hört man sie. Time is on our sides.

Rolf Dieckmann, August 2001

1991

1991

04.07.1991

Cari Touristi

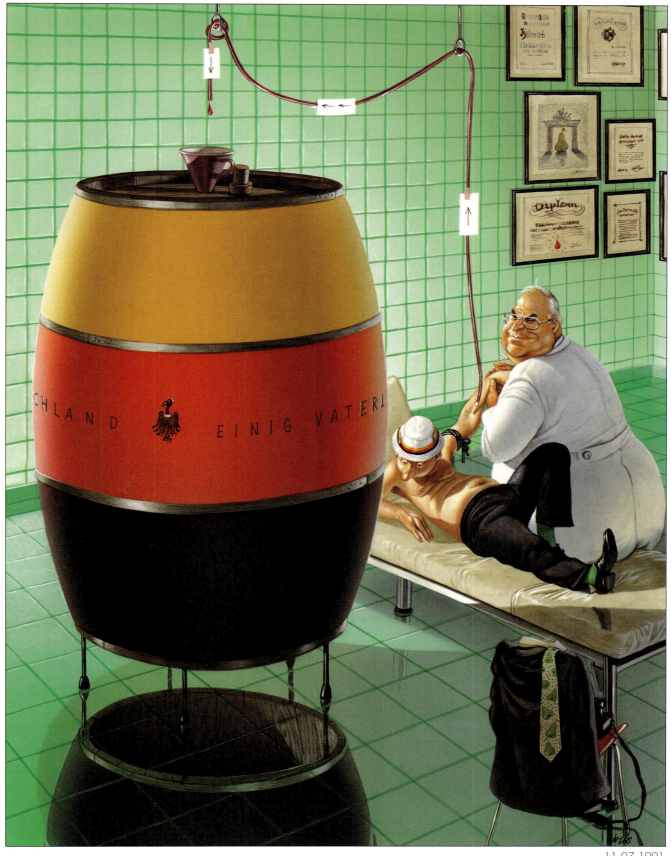

11.07.1991

Fass ohne Boden

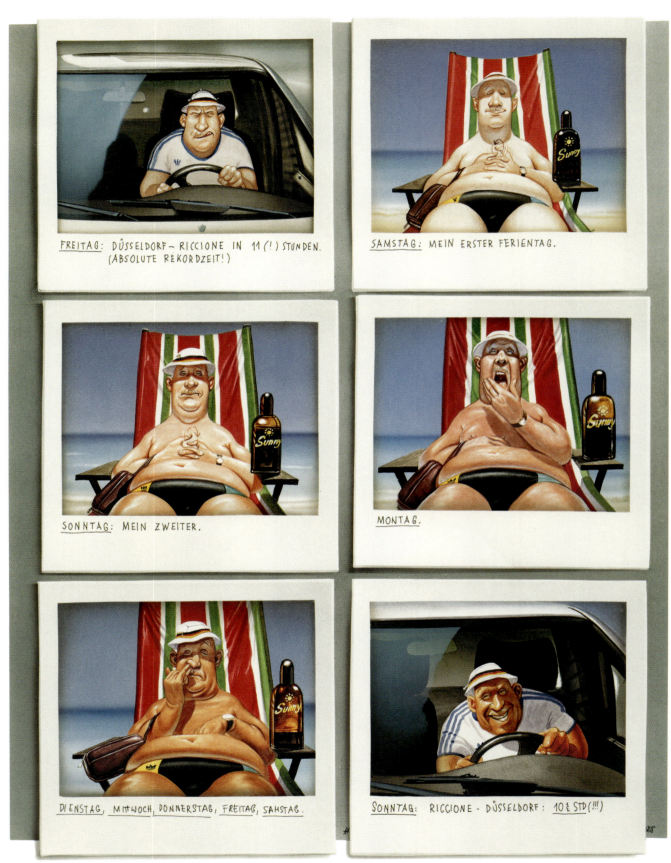

18.07.1991

Düsseldorf – Riccione in 11 Stunden

25.07.1991

01.08.1991

Arschgesichter

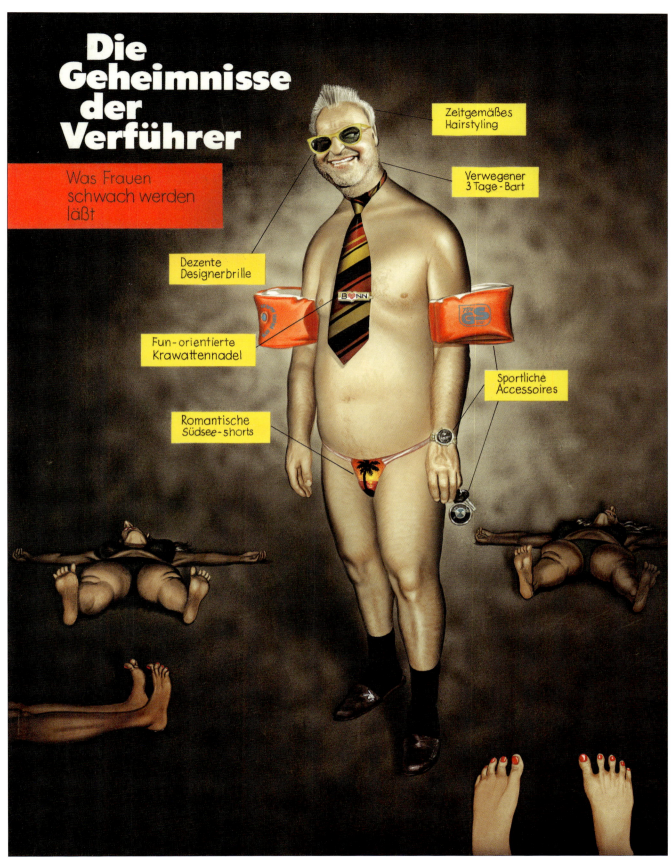

Die Geheimnisse der Verführer

Was Frauen schwach werden läßt

Zeitgemäßes Hairstyling

Verwegener 3 Tage - Bart

Dezente Designerbrille

Fun - orientierte Krawattennadel

Sportliche Accessoires

Romantische Südsee - shorts

08.08.1991

Er fpielt
mi ferabel.
Aber immerhin
krieg ich
dreiffig Märker
die Ftunde
und am Abend
nen Bananenfplit..!

15.08.1991

Unglaublich: Jetzt sieht man Ossis auch schon am Golfplatz!

Horch, was kommt von draußen rein ...

Sauberkeit und Recht und Ordnung ...

29.08.1991

Endlager der Geschichte

05.09.1991

CIAO BELLO

Das Neueste für Herbst und Winter: Überzieher, Overalls, Bootlegs — alles für den Hund.

ARNULF, ein zweijähriger Mastino Napolitano, jobbt in seiner Freizeit als Model für einen Tiernahrungskonzern. Von der Gage kaufte er diesen eleganten Schottenoverall (110.-). Schottenkaros machen derzeit in Paris und Mailand Furore. Der besondere Gag: Schuhe mit angenähten Socken.

LORY, die lustige Promenadenmischung, trägt ihre unbestimmte Herkunft mit Humor. Haarspange und Modeschmuck (1·50 bzw. 280.-) unterstreichen ihre fröhliche Persönlichkeit.

Die praktische Stadtkombination „City" in noblem Schwarz begeistert die reinrassige Bulldogge BORIS VOM HEIDENBUSCH. In den aktuellen Materialien der Saison: Latex und Gummistoff. Ab 320.-

Mischlingsrüde FRANZ JOSEF, viereinhalb Jahre, liebt's rustikal. Im bayrischen Tegernsee wurde er Jugendvizechampion der Welthundeausstellung. Er trägt einen Lodenmantel um 280.-

12.09.1991

Wohnungsnot

19.09.1991

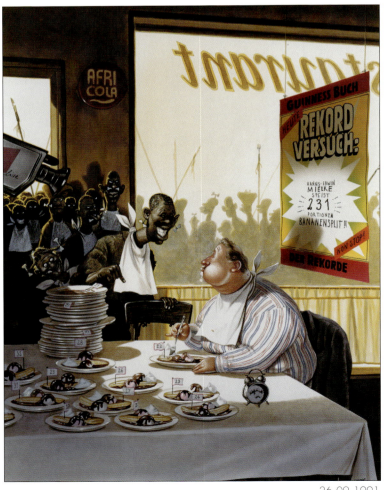

Ungebetene Gäste

26.09.1991

03.10.1991

Seit „Scarlett" groß in Mode: Neufassungen berühmter Filmromane

10.10.1991

Bundeswehr in der Krise: weit und breit kein Feind in Sicht

17.10.1991

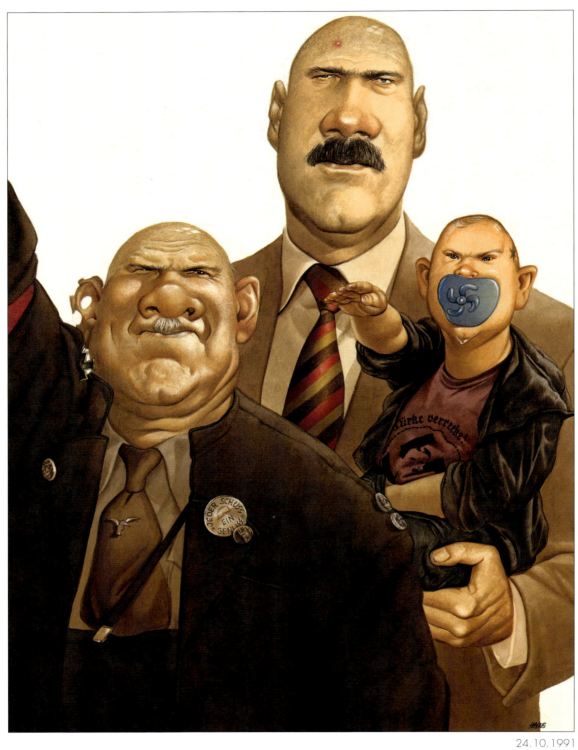

24.10.1991

Drei Generationen Skinheads

Rechte Seite: Der Papst in Rio

31.10.1991

Die Feindbilder des Albert Uderzo   07.11.1991

Landwirtschaftliches Gerät   14.11.1991

EG-Friedensmission (die 214.)   21.11.1991

Geschenksendung   28.11.1991

Made in Hoyerswerda

05.12.1991

Adventskalender 1991

12.12.1991

Auf der Suche nach dem sozialdemokratischen Weihnachtsmann

18.12.1991

Krippenspiel 1991

23.12.1991

Morgen, Kinder, wirds was geben ...

1992

02.01.1992

Der Tag danach

Gefahrenzulage

Hitze - bzw. Kälte-
Ausgleichszulage

Reisekosten-
Pauschale

Repräsentations-
Aufwandsentschädigung

Lastenausgleichs-
Zulage

Familienlastenausgleichs-
Zulage

Amtsbekleidungs-
Zulage II

Amtsbekleidungs-
Zulage I

Inventarverwaltungs-
Zulage

Erschwernis-
Zulage

Wurst-
Einlage

16.01.1992

Staatsverdiener

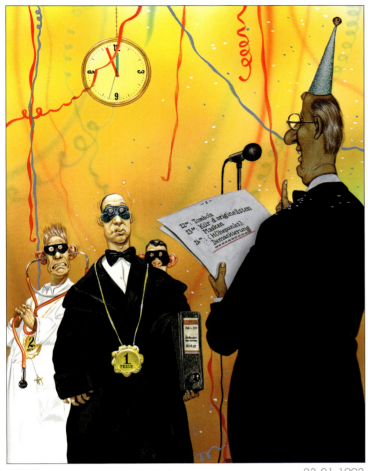

Vorgezogener Aschermittwoch   23.01.1992

Björns Kaltstart   30.01.1992

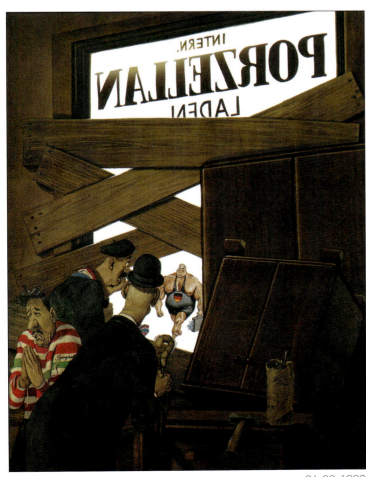

Die Angst vor den neuen Deutschen   06.02.1992

Platz 3: Sergej Karawaschiswili (GUS)   13.02.1992

«Aus der Geschichte des weißen Sports»

Abb. 1   Die Eiſtellung

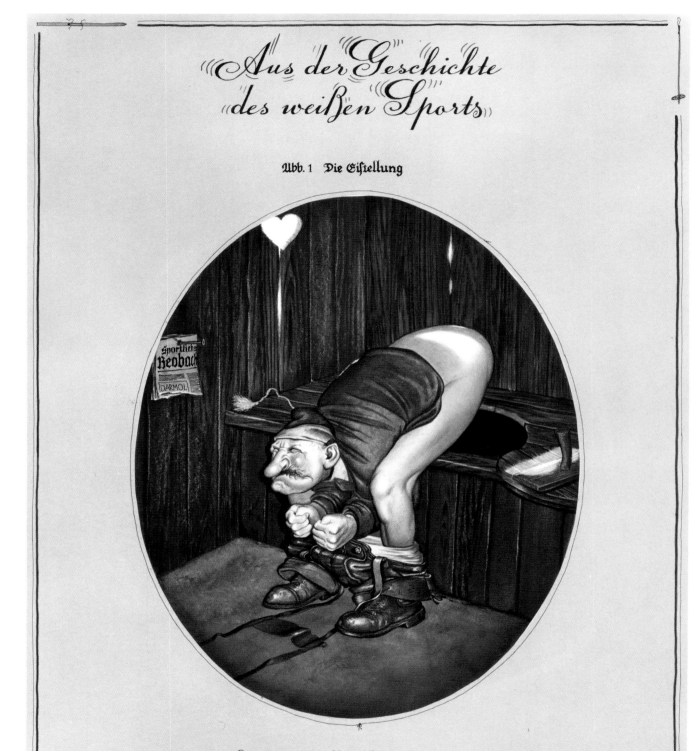

Kurz vor Weihnachten 1939:
Der Schrunſer Schilehrer Sepp Zippl gilt als
Erfinder der idealen Abfahrtshocke.
„Schuld war nur dieſer Scheiß Moſt,"[1]
erklärte der beſcheidene Zippl unſerem damaligen
Schruns - Korreſpondenten.

[1] Most = gegorener Apfelsaft, Obstwein; „Nationalgetränk" in den südwestdt. u. österr. Obstanbaugebieten

20.02.1992

Freie Fahrt für freie Bürger

27.02.1992

Beweislast

05.03.1992

Der Bundespolizeiminister: Haschischrauchen untergräbt die Moral der Truppe und mindert die Aggressionsbereitschaft. (Durchschnittswerte nach DIN)

12.03.1992

Sensation!!

19.03.1992

Nach den Nacktfotos von Steffi Graf ... Ciccionlina – b e k l e i d e t ! ! !

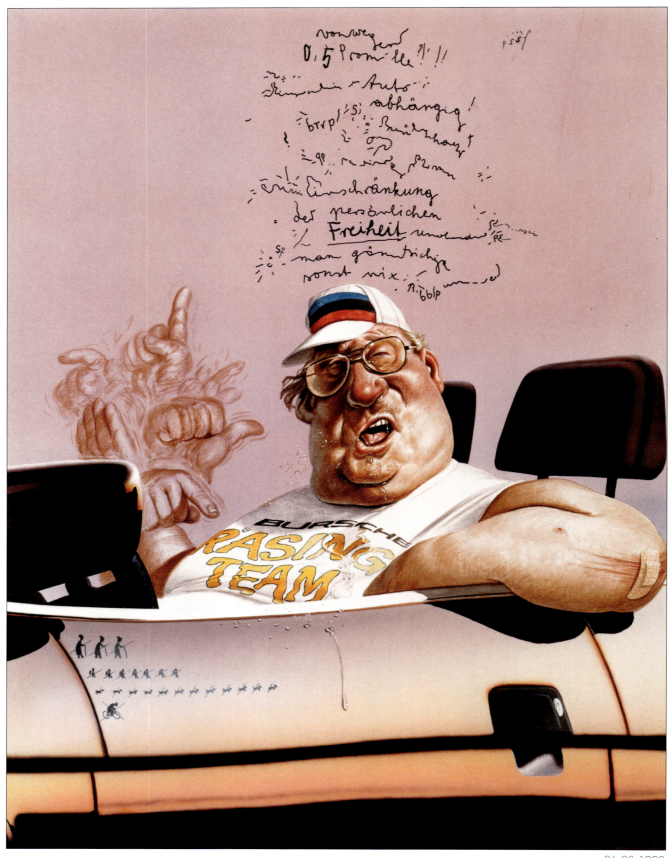

26.03.1992

Selbstverwirklichung

was du uns
bescheret hast –
Amen.

02.04.1992

Segen der Atomkraft

Der neue Mann in der Formel 1:
Michael Schumacher (oben, 2.v.l.)

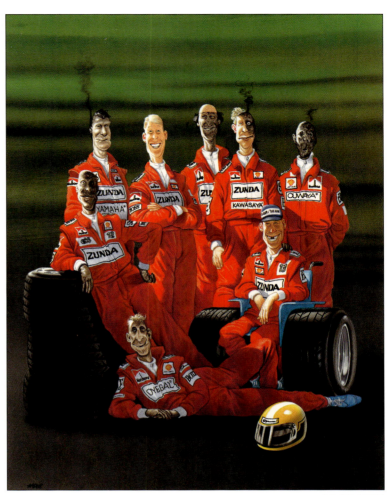

15.04.1992

Das Denkmal lebt!

23.04.1992

Linke Seite: Ein Platz an der Sonne

30.04.1992

Nach High Tech und Karaoke voll im Trend: japanische Lebensart

Rechte Seite: Muttertag

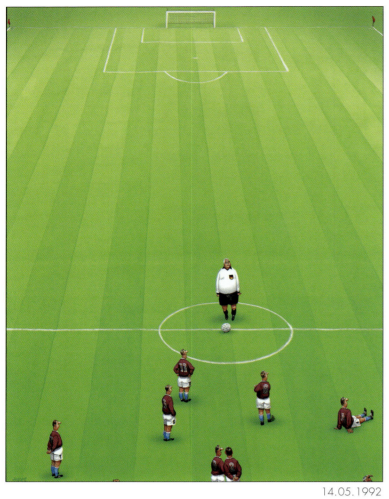

Das letzte Aufgebot

14.05.1992

Umweltgipfel

21.05.1992

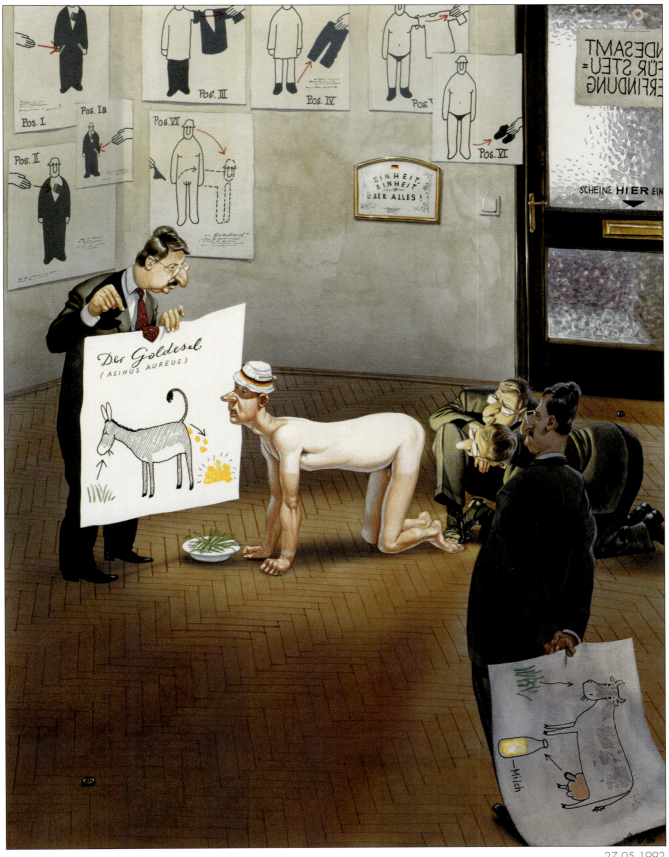

27.05.1992

Bundesamt für Steuerfindung: der letzte Versuch

04.06.1992

Nur noch wenige Wochen bis zu den Schulferien

EM-Vorbereitung

11.06.1992

Rechte Seite: Letzter Konditionstest vor Ferienbeginn

17.06.1992

25.06.1992

09.07.1992

Oben links:
Aufstand der Dornenvögel:
Wir wollen endlich auch mal ████████!

Oben rechts:
Reality-Shows: Die netten Stars von nebenan

Unten links:
Schnee in der Wüste:
Selbst klassische Urlaubsziele sind nicht mehr wetterstabil

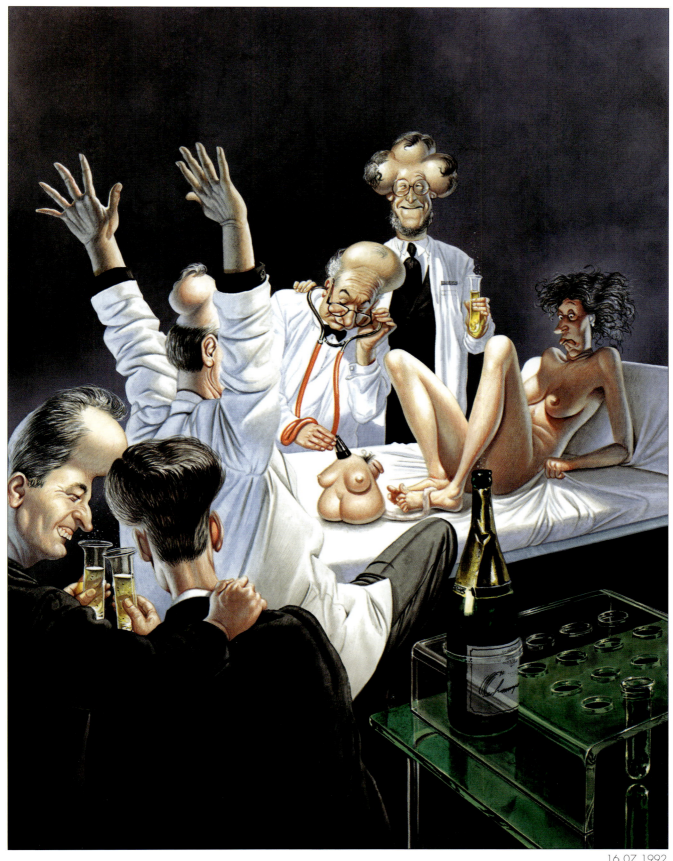

16.07.1992

Meisterleistung der Gen-Technologie: Das ultimative Lustobjekt ist geboren!

52

23.07.1992

„Ich krepieren,
ich krepieren..."
Haaaahaha. Da du haben
einen Zehner, du dir kaufen
deutsches Wörterbuch, dann
du schön sprechen und
sagen, was du wollen.

30.07.1992

Das Boot ist voll

06.08.1992

Olympische Spiele – spannend wie nie zuvor

13.08.1992

Sommerfestspiele '92: keine Einfälle bei dieser Hitze

20.08.1992

Begegnung an der Grenze

Trotz Lärmbelästigung –
ein romantisches Plätzchen findet sich überall

27.08.1992

Deutsche Einheit

03.09.1992

10.09.1992

Rauchers Albtraum

17.09.1992

Amtsweg

10 Jahre Kohl

24.09.1992

Neue Medien

01.10.1992

Deutsche Jagdszenen Anno '92

08.10.1992

USA: Archäologische Sensation

22.10.1992

Voll im Trend: Berufsraten auf dem Lande

29.10.1992

Deutsche Recht(s)schreibung

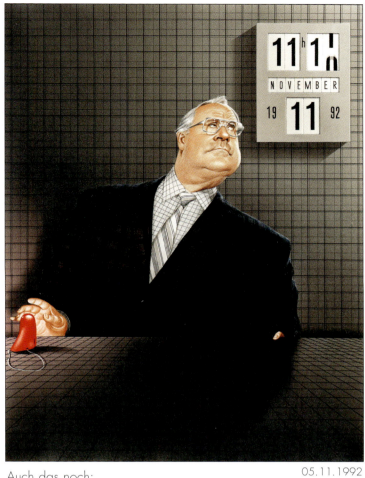

Auch das noch:
Am nächsten Mittwoch beginnt der Fasching

05.11.1992

Strahlende Geschäfte

12.11.1992

Verlängerung der Lebensarbeitszeit:
Jede Menge Superjobs warten auf die Alten!

19.11.1992

Eine, die dich nie verlässt:
die Sexklamotte am Samstagabend

26.11.1992

03.12.1992

10.12.1992

16.12.1992

Oben links:
Trotz weltweiter Proteste: Geschenke aus Menschenhaut
sind auch in diesem Jahr der Renner

Oben rechts:
Mariä Empfängnis: Als Joseph einmal falschen
Verdacht schöpfte

Unten links:
Mein Got, Thomas!

21.12.1992

Stille Nacht

30.12.1992

1993

07.01.1993

Neujahrskrapfen

14.01.1993

Humor hat plötzlich Grenzen: Albtraum des österreichischen Cartoonisten vor dem europäischen Haus

Erste Vorsichtsmaßnahmen:
Die Tanker werden sicherer

21.01.1993

Neue Waffe im Kampf gegen alkoholisierte Skifahrer:
polizeiliche Jodelkontrollen

28.01.1993

Rechte Seite:
Immer mehr Söhne und Töchter
schreiben ihre Memoiren

04.02.1993

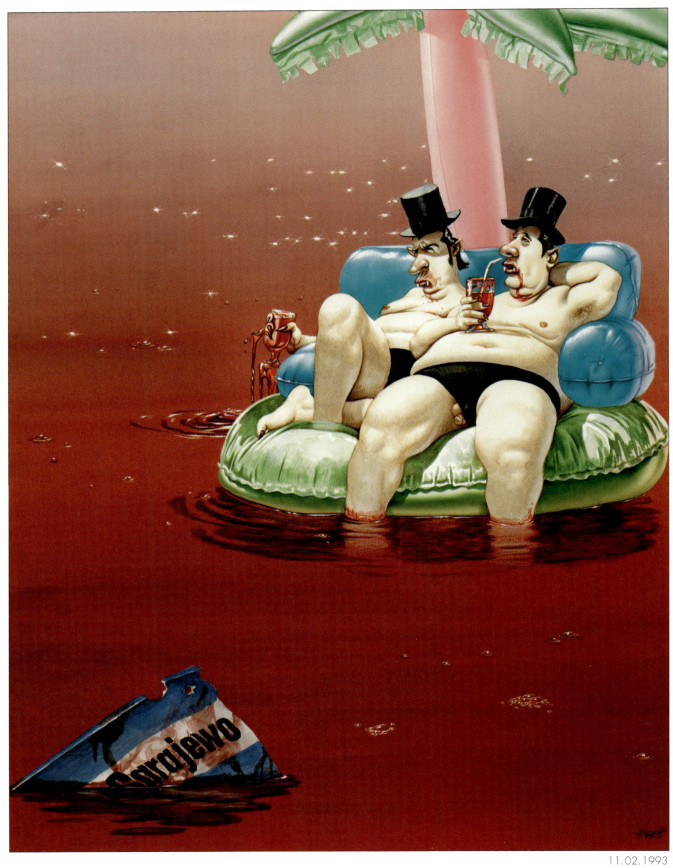

11.02.1993

Obwohl die Vampire im Überfluss lebten,
sehnten sie sich immer öfter nach ihrer stillen Gruft in Transsylvanien

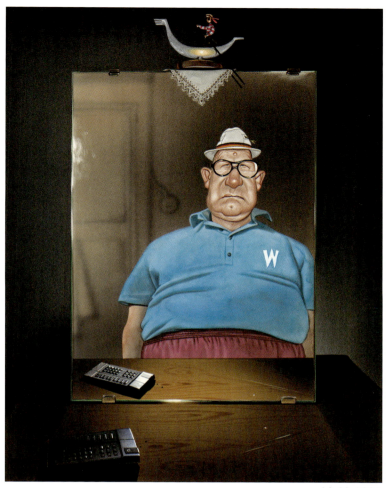

Kein Grund zur Aufregung:
Mehr als die Hälfte der Bundesbürger
hält Motzki für eine unrealistische Witzfigur

18.02.1993

Jubel im Nostalgie-Club:
30 Jahre Beatles

25.02.1993

04.03.1993

Materialtest: Eine Expertenkommission testet Kondome im praktischen Einsatz

11.03.1993

18.03.1993

Oben links:
Auf der Suche nach einem neuen Trend:
die letzte Tat eines Kreativ-Teams

Oben rechts:
Autoindustrie in der Krise:
schwere Zeiten für kleine Aufmerksamkeiten

Unten rechts:
Frühlingsanfang:
Hoechste Zeit für Unbeschwertheit und Harmonie

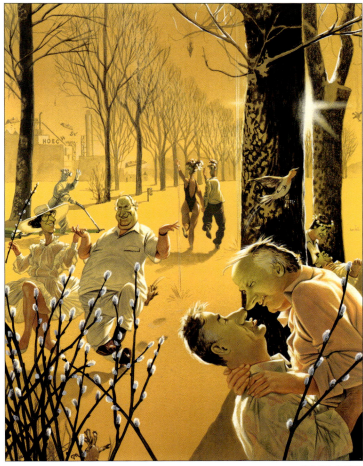

25.03.1993

01.04.1993

Ende der Fastenze t

07.04.1993

Mein Name ist Engholm …

15.04.1993

Geheime Verführer

Der lange Marsch durch die Entrüstung

22.04.1993

Olympische Vorentscheidung: Wer zahlt, gewinnt

29.04.1993

06.05.1993

Nicht vergessen: Sonntag ist Muttertag

13.05.1993

Nicht zu fassen: immer noch keine heiße Spur von Kaufhaus-Erpresser Dagobert

19.05.1993

Neuer Trend in der Vorstandsetage: Die Öko-Manager kommen

27.05.1993

[1] Achtung: Ozonloch

03.06.1993

Heraus aus dem bürgerlichen Mief: Die Saison der Open-Air-Konzerte hat begonnen

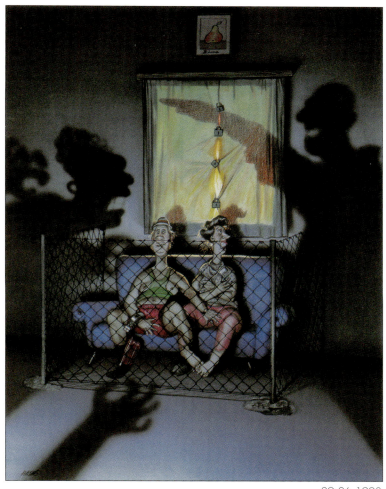

Bürgers Albtraum: das Ende der deutschen Gemütlichkeit

09.06.1993

… und morgen die ganze Welt

17.06.1993

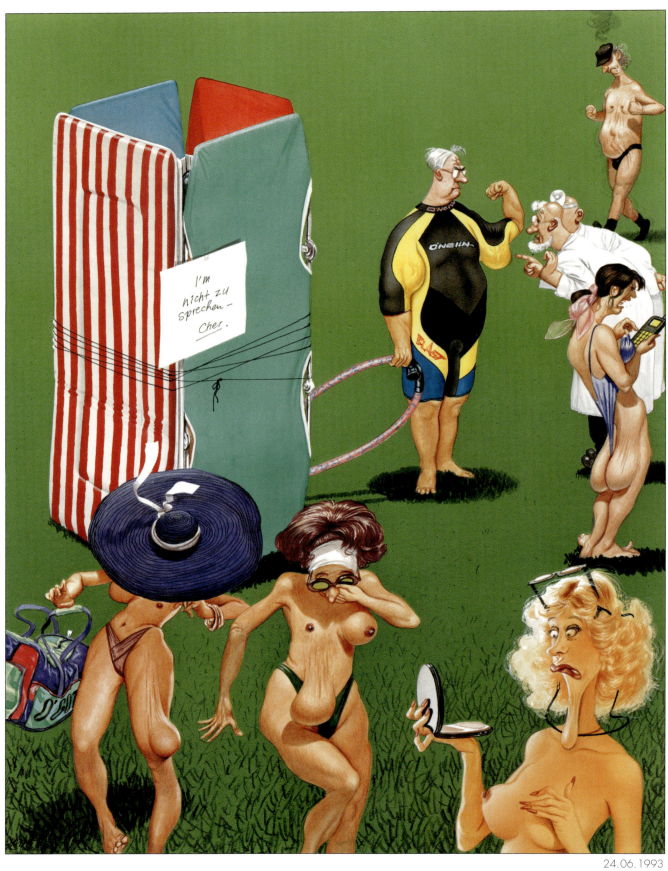

24.06.1993

Und das ausgerechnet zur Badesaison: Silikoneinlagen beginnen zu rutschen

01.07.1993

Trotz anders lautender Schlagzeilen: Kunstfehler in der Medizin werden immer seltener

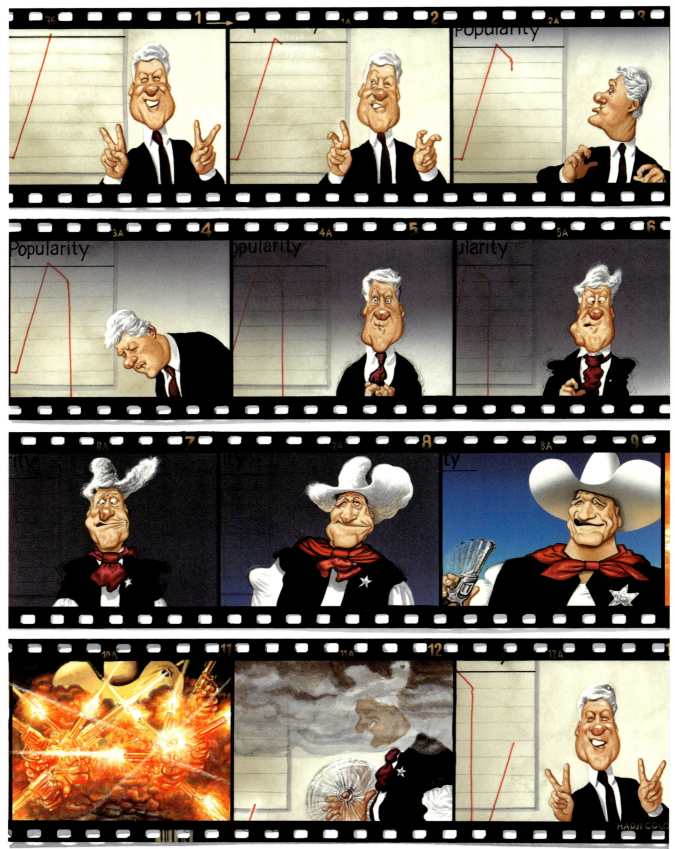

08.07.1993

... ei, nun?

15.07.1993

Sonntagsvergnügen

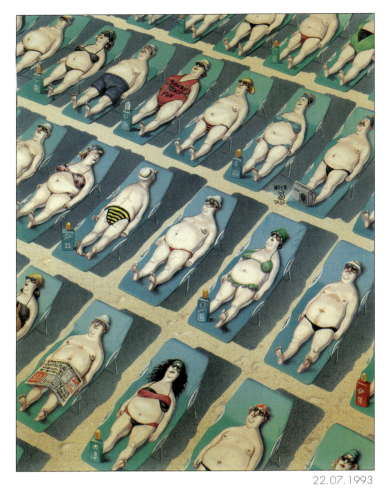

22.07.1993

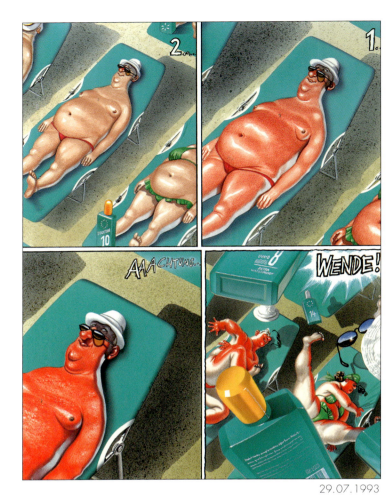

29.07.1993

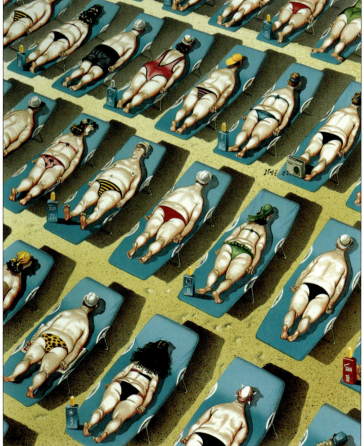

05.08.1993

Urlaubs-Trilogie

12.08.1993

Autoindustrie: Und die Schlammschlacht geht weiter ...

Wirtschaftskrise:
Immer mehr Topmanager treten frühzeitig in den Ruhestand

19.08.1993

Na also: Es geht auch ohne Doping!

26.08.1993

02.09.1993

Höhepunkt der Internationalen Funkausstellung: Sinfonia digital

09.09.1993

Sensationelle Enthüllung: Wieder ein Trickpaparazzo entlarvt!

Rechte Seite: Nächtlicher Abschied auf der Brücke

16.09.1993

23.09.1993

Sensationelle Enthüllung zum Herbstanfang: Der Lauschangriff wird längst praktiziert!

Auf der Suche nach dem Kandidaten

30.09.1993

Wie Bücher Menschen glücklich machen

07.10.1993

14.10.1993

21.10.1993

Deutschland im Herbst: das Ende des Wohlstands

04.11.1993

Nachts im Freizeitpark Deutschland:
„...wollen mehr arbeiten & dafür weniger verdienen, wir wollen mehr arbeiten & dafür ...”

Linke Seite: Schlimm! Die perverse Welle hat jetzt auch deutsche Vorgärten erreicht

28.10.1993

11.11.1993

Vorsicht bei Drogen im Straßenverkehr: Weihrauch enthält – wie Haschisch – Tetrahydrocannabinol (THC)!

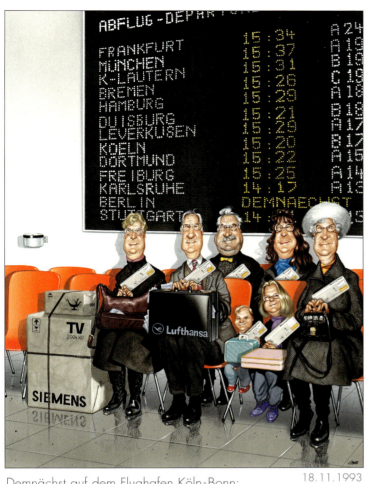

Demnächst auf dem Flughafen Köln-Bonn:
freier Berlin-Flug für die Staatsdiener-Familie!

18.11.1993

Alarmierende Meldung:
Die Mafia unterwandert jetzt auch den deutschen Einzelhandel!

25.11.1993

Alle Jahre wieder:
Überall liegt Schnee, nur nicht bei uns auf'm Bergerl

02.12.1993

Kandidaten-Advent:
... erst eins, dann zwei, dann drei ...

09.12.1993

16.12.1993

Weihnachtszeit – Zeit der Stille und Einkehr

22.12.1993

Weihnachtsaktion '93: Schont den deutschen Wald

1994

1994

◄ Boklöv-Schere oder **V**-Stil:
Eine sensationelle Flugtechnik
macht Furore. Wirkt für manchen
Laien noch etwas ungewohnt,
doch alle Experten sind einer
Meinung: Diesem Stil gehört die
Zukunvt.

Noch unausgereift, aber
stark im Kommen: Der **A**-
Stil, auch für Anfänger. ▲

X-Stil, nur ▲
für fortgeschrittene
Weitenjäger.
(Aufsprung !!!)

◄ Der Siitonen- oder **S**-
Stil, vom Langlauf ab-
geleitet, wird besonders gern von nordischen
Kombinierern gesprungen.

◄ Hochmodischer **H**-Stil, die elegante Parallel-Skiführung
erinnert Nostalgiker an Flüge von Toni Innauer,
Karl Schnabl und Edi Federer.

05.01.1994

Wintersporttrend '94: Skifliegen mit Stil

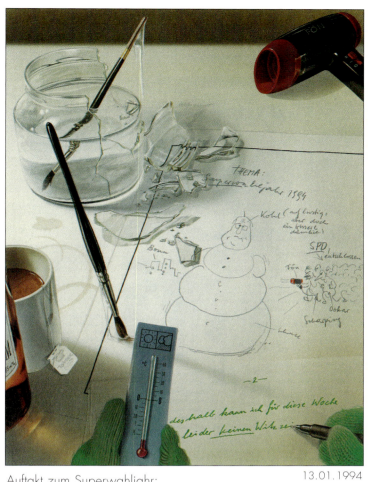

Auftakt zum Superwahljahr:
Die Zeiten werden frostiger

13.01.1994

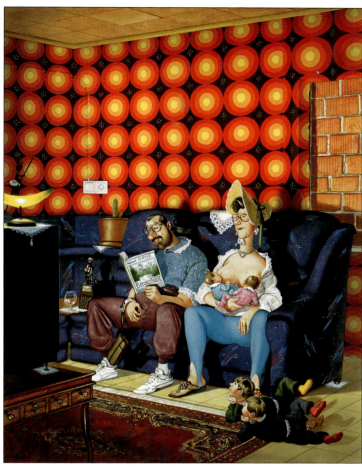

Russland: Schirinowskij drängt an die Macht ...
Mexiko: Aufstand der Maya ... Bosnien: Der Krieg geht weiter ...

20.01.1994

Frauenpower '94:
die Angst der Männer vor einschneidenden Maßnahmen

27.01.1994

„... pass auf: Du greifst in die 3. Schublade, dieser
graue Umschlag mit der Aufschrift ‚geheim', und dann in die unterste,
dort findest du einen mit dem Codewort ‚Honeyfucker', und ..."

03.02.1994

10.02.1994

Rosenmontag – einmal im Jahr richtig ausgelassen sein

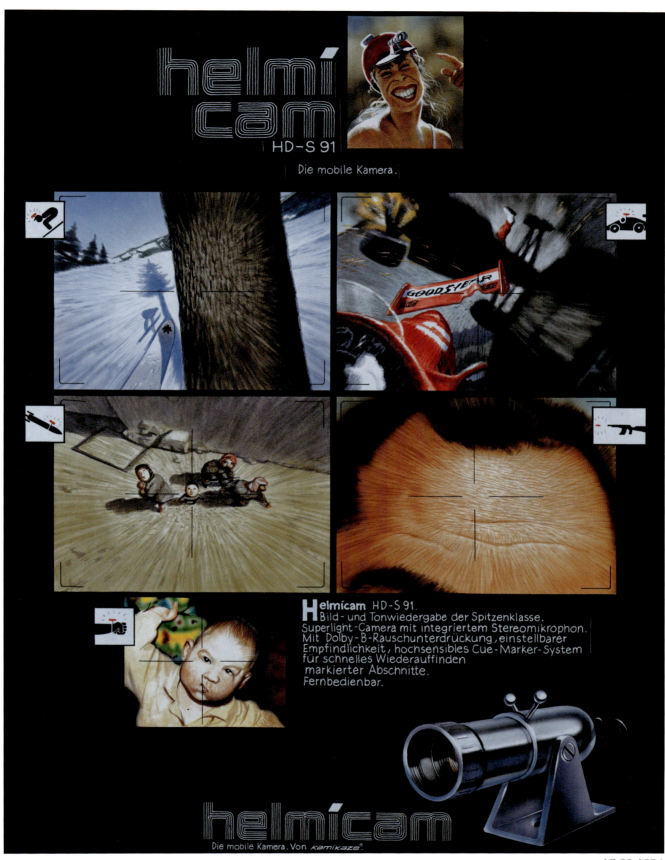

113

24.02.1994

Ist der Ruf erst ruiniert ... oder: Wie man das Publikum bei der Stange hält

Deutsche Kindheit '94

10.03.1994

Sensation oder Fälschung?

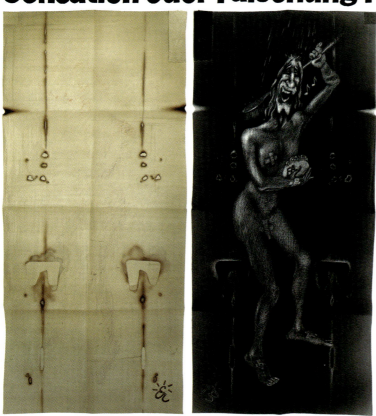

Turiner Badetuch gefunden!

17.03.1994

26. Oktober 1992, Balkan

26. Oktober 1992, Österreich

24.03.1994

Die Zeit der großen Volksläufe hat wieder begonnen

117

30.03.1994

Frohe Ostern

07.04.1994

Frühjahrsmode '94: Teure Marken sind angesagt

14.04.1994

Frühlingserwachen – und Gras wächst wieder über alles

21.04.1994

Nach den sportlichen Volltreffern verteidigen
die Österreicher jetzt ihr Land erfolgreich gegen lästige Besucher

Und nun eine Durchsage für unsere Cabrio-Freunde:
Temperaturschwankungen sind auch weiterhin
nicht auszuschließen

28.04.1994

Nach Unterzeichnung des dreiundzwanzigsten
Waffenstillstandsabkommens bemerkten Teile der UN-
Friedenstruppen plötzlich einen merkwürdigen Geruch

Rechte Seite:
Wie erst jetzt aus Insiderkreisen durchsickerte,
soll das Urteil des Bundesverfassungsgerichts
ganz persönliche Züge getragen haben
(Hasch-Freigabe)

05.05.1994

11.05.1994

19.05.1994

Super! Welttournee beschlossene Sache: Die Stones rollen wieder an

Trotz kleiner Missgeschicke lassen sich echte Fans
die Freude am Sport nicht trüben

26.05.1994

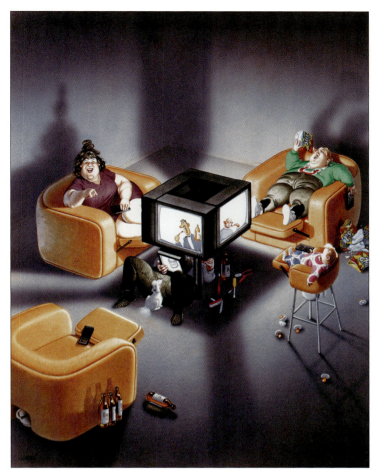

Neue Untersuchungen beweisen:
Individuelle Programmgestaltung festigt das Familienleben

01.06.1994

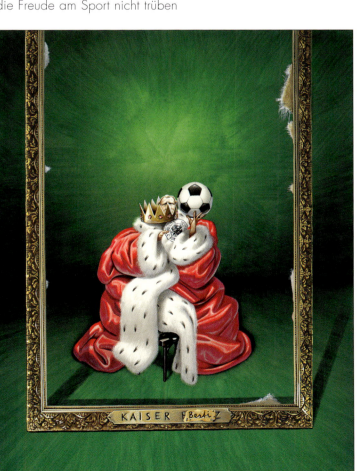

Nicht vergessen:
Nächste Woche beginnt die Fußball-WM

09.06.1994

Keine Angst vor Urlaubskriminalität: Immer mehr
Touristen genießen ihre Ferien durch kleine Vorsichtsmaßnahmen

16.06.1994

125

23.06.1994

Endlich geklärt: Weshalb Polizisten sich lieber mit Linken beschäftigen

30.06.1994

Hüben und drüben

07.07.1994

14.07.1994

Rückblick auf einen erfolgreichen Staatsbesuch: Wandel durch Annäherung

21.07.1994

Warnung an alle Benutzer von Intensiv-Deos: Die Sonne gefährdet ihre Gesundheit

28.07.1994

Urlaub '94: Eine Chance zur Völkerfreundschaft

04.08.1994

Wegen der Hitze treibt es viele Urlauber
zu einem gemütlichen Picknick von den Stränden in die Bergwelt

11.08.1994

25 Jahre Woodstock

18.08.1994

1994: ein Jahrhundertsommer mit kleinen Nebenwirkungen

Letzte Offenbarung:
Geheimnis des Papstes als Schutzpatron gelüftet

25.08.1994

Überbevölkerung:
Mancher wird wohl etwas kürzer treten müssen

01.09.1994

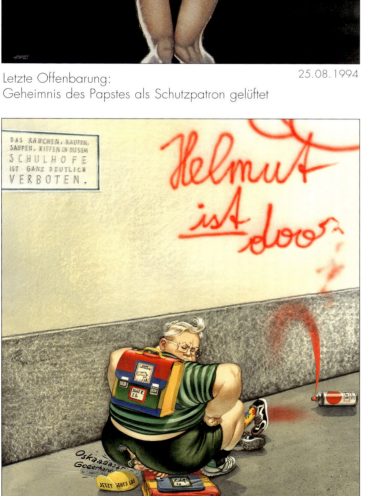

Gleich zu Beginn des Schuljahres kam es zwischen
den Schülern Helmut und Rudolf zu einer handfesten Keilerei

08.09.1994

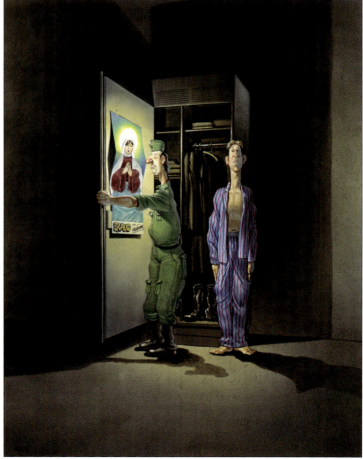

Schwer im Trend: Immer mehr junge Menschen
wollen jungfräulich in die Ehe gehen

15.09.1994

22.09.1994

Electronic Banking oder Wie man auch ohne Jackpot reich und glücklich wird

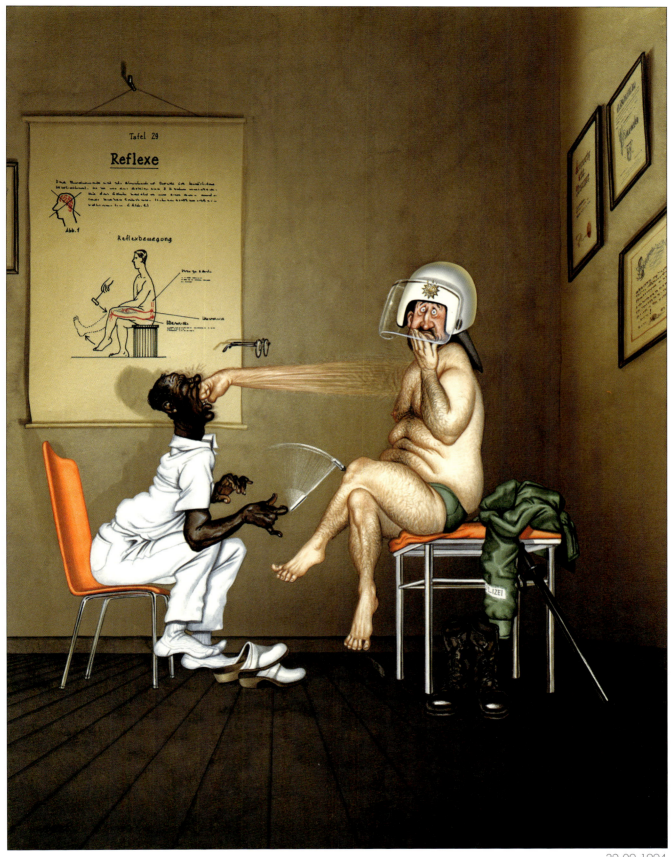

29.09.1994

Sensibilitätstest

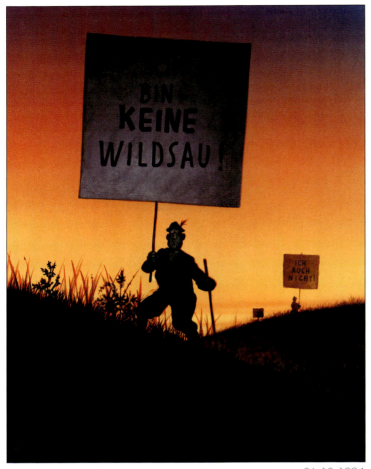

06.10.1994

13.10.1994

20.10.1994

Oben links:
Aktuelle Warnung an alle Spaziergänger:
Die Jagdsaison ist in vollem Gange

Oben rechts:
Kinkels letzte Hürde

Links:
Keine neuen Nachrichten aus dem Buckingham Palace

Rechte Seite: Das unsinkbare Kanzlermodell

27.10.1994

03.11.1994

Bevor der Winter kommt:
Herbstliche Radtouren halten den Kreislauf in Schwung

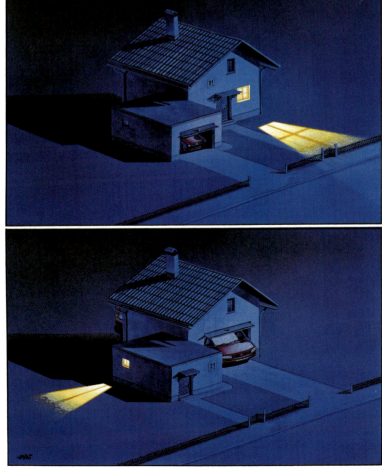

10.11.1994

Voll im Trend:
die familiengerechte Großraumlimousine

Tief erschüttert geben wir bekannt, daß unser einziger wahrer Freund,
unser treuer Beschützer und Weggefährte,
Rauhhaardackelrüde Bodo von der Teckelschanze, genannt

Bubi

am 8. November um ca. 22 Uhr während eines langen, ausgiebigen Abend-Fressifressis
infolge Herzverfettung aus unserer Mitte gerissen wurde.

November 1994

Die Trauergemeinde: **Inge Schneuzer-Wickenschurz** (Frauchen), Odilo
Schneuzer (Herrchen),

im Namen aller Verwandtchen.

17.11.1994

Eine gute Nachricht: Auch in Zukunft wird die Geschichte von „Scarlett" Folgen haben

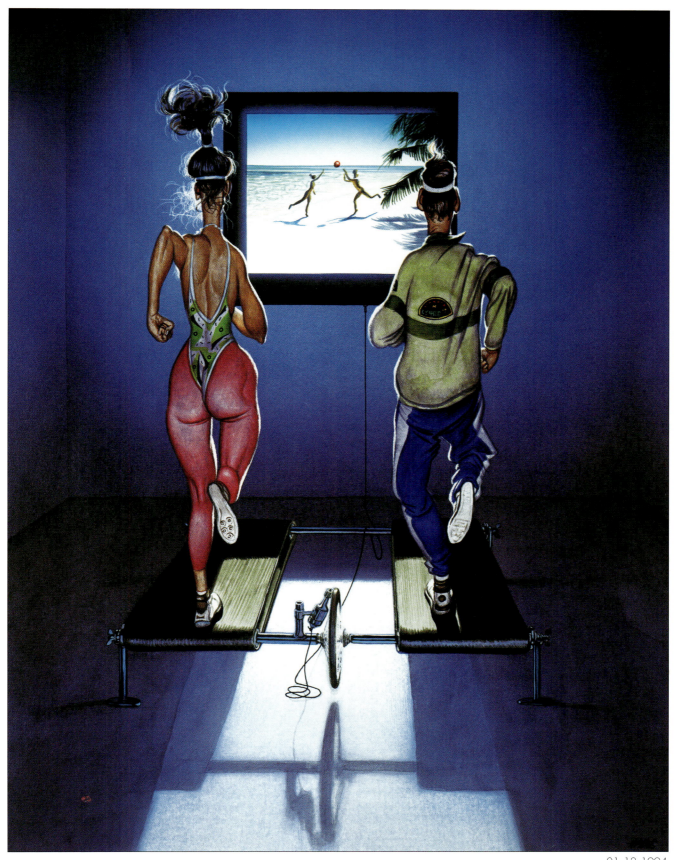

01.12.1994

Strom sparend fit in den Winter

08.12.1994

Mit der Umweltministerin in
die strahlende Vorweihnachtszeit

15.12.1994

Nackte Dienstleistung: Ein Trend setzt sich durch

22.12.1994

Wie das Christgeburtsspiel durch eine Verkettung von Missverständnissen beinahe scheiterte

29.12.1994

1 9 9 5

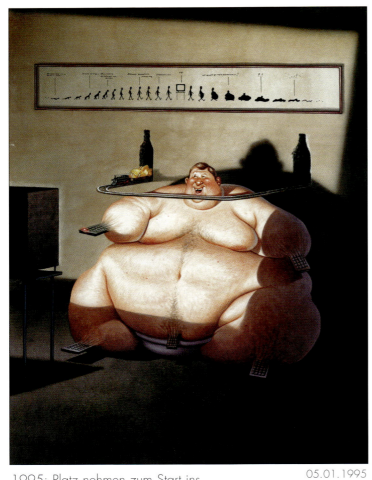

1995: Platz nehmen zum Start ins
interaktive Zeitalter

05.01.1995

Wintersportsaison '95: Neue Kräfte sammeln
in der Einsamkeit der Berge

12.01.1995

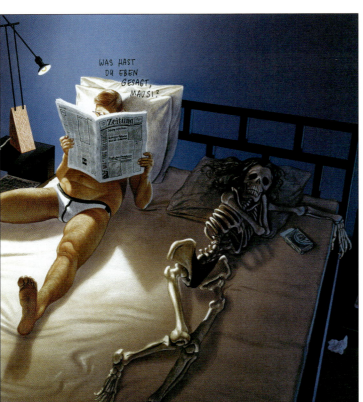

Schlimm! Immer mehr Frauen beklagen
mangelnde Aufmerksamkeit ihres Partners

19.01.1995

Nach dem Telekom-Sex-Gebühren-Skandal:
Spaß und Entspannung jetzt zum Ortstarif!

26.01.1995

02.02.1995

Triumph der Technik – mit kleinen Mängeln

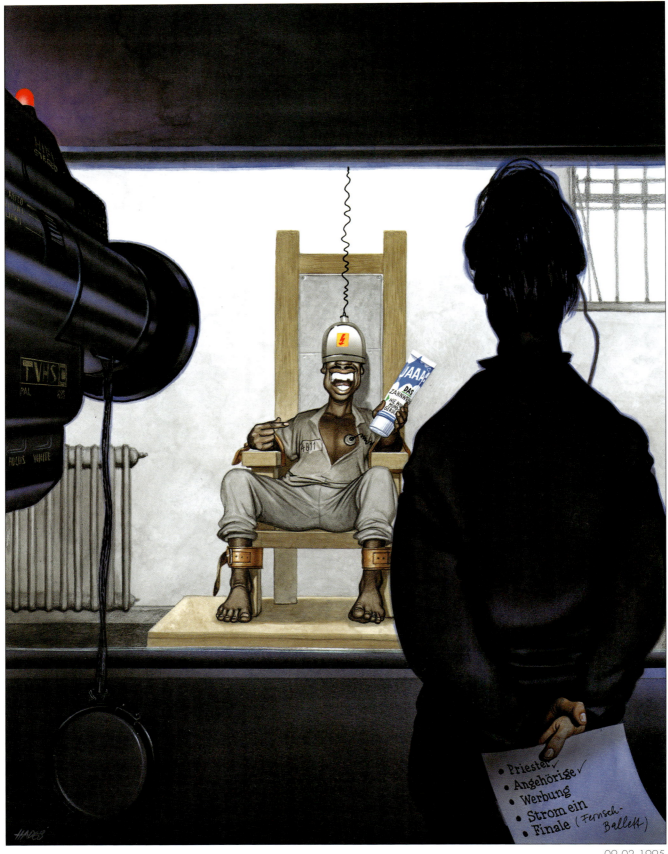

09.02.1995

Justiz und TV: Eine neue Partnerschaft sichert hohe Einschaltquoten!

Befreiung
oder
Niederlage —
Befreiung
oder
Niederlage —
Befreiung
oder
Niederlage —
Befreiung
oder
Niederlage —
Befreiung
oder
Niederlage —
Befreiung
oder
Niederlage —

16.02.1995

Sprachliche Unsicherheit

23.02.1995

Karneval! Fröhlichkeit ohne Grenzen!

02.03.1995

Nach Rinderwahn und Hormonskandalen: Jetzt ist es Zeit, Vegetarier zu werden!

Super! Boxen ist wieder voll im Trend

Rechte Seite: Nach dem großen Crash:
schlechte Wetterlage für Börsen-Yuppies

23.03.1995

Schlechtes Betriebsklima

30.03.1995

Aktion Gemein-Sinn

06.04.1995

Frühling '95 — Romantik ist wieder voll im Trend

Fröhliche Ostern

12.04.1995

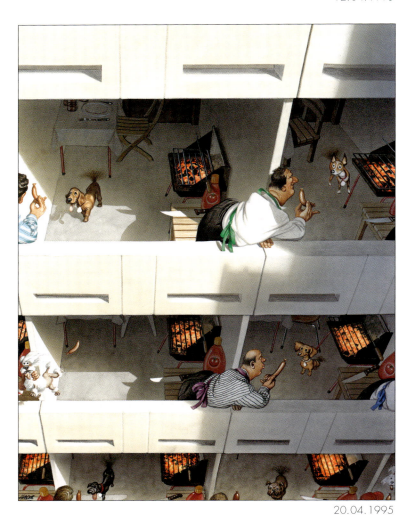

Grillsaison: ein Fest für den, der Hunde mag

20.04.1995

27.04.1995

Der eigene Bio-Garten

04.05.1995

Schlimm: Immer mehr Deutsche bewaffnen sich!

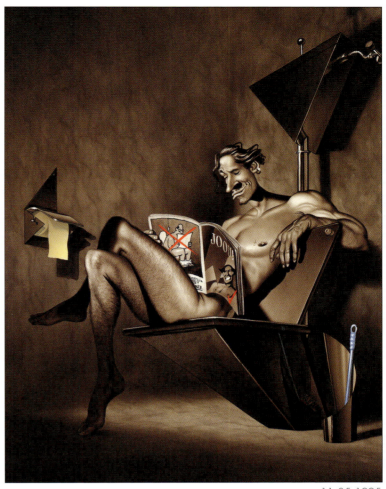

Allerorten perfekt gestylt: der neue Mann

11.05.1995

Die EU-Gesundheitsminister:
Grillen unter dem Ozonloch gefährdet ihre Gesundheit

18.05.1995

161

24.05.1995

Abwärtstrend: Von zehn Familien feiert nur eine den Vatertag

01.06.1995

Immer mehr Tankstellen unterlaufen die Ladenschlusszeiten

Super(mölle)mann – die Rettung naht

08.06.1995

Das Adoptivkind passend zum Designerstil

14.06.1995

22.06.1995

Viel Lärm um nichts

29.06.1995

Umweltschutz setzt sich durch: Es herrscht wieder Ruhe auf dem Meer

06.07.1995

Auf in die Ferien!

HOT NEWS

Ein neuer Feind wurde entdeckt und entlarvt: die Sonne. Metereologen warnen vor dem Treibhauseffekt und erwarten den heißesten Sommer seit Menschengedenken. No problem, sagt der Freizeitfachhandel. Und liefert praktische Ideen für den Sommerbeginn – zum Beispiel HOTFINGER, den netten Grillhandschuh in drei verschiedenen Dessins, bei CE-VAP-CI-CI Heim & Garten-shops.

Sie, souverän, extravagant, absolut keine graue Maus, sieht scharf aus, liebt Außergewöhnliches, speist gern heißen Käse. Ihr neuer Sonnenhut RACLETT, in ganz und gar nicht dezentem Streif, fasziniert und verändert, je nach Farbe, ihren Typ. Überall im spezialisierten Fachhandel.

Lady in white. Üppige Formen in zarte Spitze gehüllt ~ welcher Mann kann da schon widerstehen? Wenn Sie das willfährige Opfer Ihrer Wahl endlich betören wollen, bestellen Sie rasch den Katalog von COLLECTION MARIA MUSTERMIX, Postfach 66 (elf mal sex, sozu-sagen) 10965 Berlin. Bitte 50 - Schutzge= bühr beilegen. Volle Rückvergütung bei Hautkrebs.

Wer zeigt sich schon gerne im unbarmherzigen Licht der Sonne in einem geschlossenen Opel? Die schnellste und zugleich effizienteste Art, das störende Autodach zu beseitigen, gibts ab sofort in gutsortierten PS-Shops. PS-Markt Hollabrunn, Rennweg 14. NICHTS IST SO NETT WIE 1 CABRIOLETT. Auch für VW Polo, Skoda, Ford Fiesta, Audi, Lada Nova etc.

Am Montag regnet's nicht, am Dienstag regnets nicht, am Mitt=woch regnet's auch nicht. Wenn Sie das ewige Sonnenbaden leid sind, sollten Sie sich eine der elitär gestylten GARDENA RAINY DAY an der Dachrinne montie=ren. GET WET! heißt die Devise und BAUHAUS Wien 8, Flesselgasse 401 die Adresse. Tel. 23 46 1208/290 od. 291, Herr Grillberger.

13.07.1995

Praktische Tipps für einen heißen Sommer

168

20.07.1995

27.07.1995

Dieters Abenteuerurlaub.
Ein dreiteiliger Sommerroman in Bildern

03.08.1995

Jaques Chirac,
Staatspräsident

Bisquit Chirac,
Gattin

Frufru Chirac,
Mischling

WIR SIND DAFÜR!

JA zu Frankreichs Atomwaffentests

Prominente aus Politik, Wirtschaft, Kultur, Sport, Showbusineß und Mode bitten die französische Regierung, die Atomwaffenversuche auf dem Mururoa-Atoll fortzusetzen

10.08.1995

17.08.1995

Urlaub in Krisengebieten: Das kann doch den Touristen nicht erschüttern

24.08.1995

Das Jüngste Gericht

31.08.1995

Zum Saisonschluss verzeichnete Österreichs
Fremdenverkehr einen leichten Anstieg

Der Helfershelfer

07.09.1995

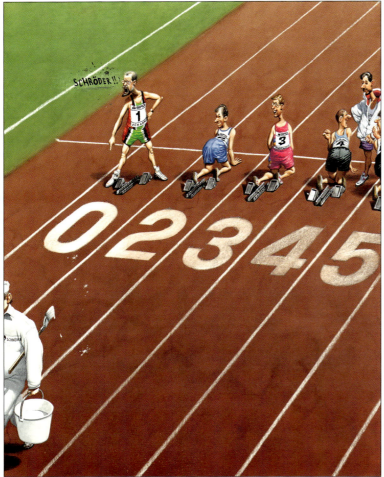

Kleine Störung in der Laufbahn

14.09.1995

Rechte Seite:
Immer mehr deutsche Männer
möchten eine Ausländerin heiraten,
weil die anpassungsfähiger sind

21.09.1995

28.09.1995

Ende der Sommerzeit: Auch die ferne Geliebte schläft jetzt eine Stunde länger

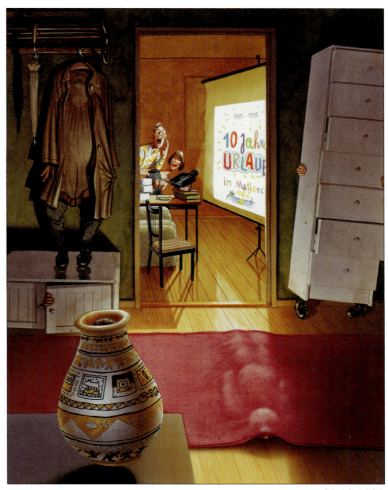

Nach der Urlaubssaison:
Die gefürchteten Dia-Abende nahen!

05.10.1995

Dank der Diätenerhöhung –
die Abgeordneten müssen nicht mehr hungern

12.10.1995

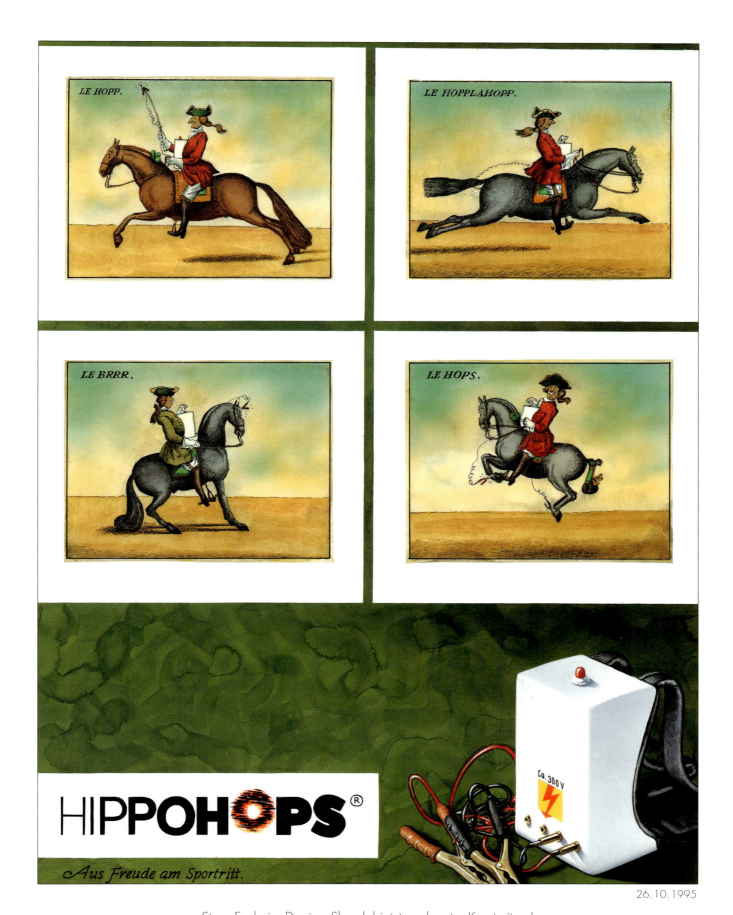

26.10.1995

Stern-Exclusiv: Doping-Skandal jetzt auch unter Kunstreitern!

Linke Seite: Nach dem Scheitern der österreichischen Regierung: Haider wills jetzt wissen!

02.11.1995

Ständiger Begleiter

Rechte Seite: Schlimm: Deutsche Arbeitnehmer
gehen immer früher in den Ruhestand!

09.11.1995

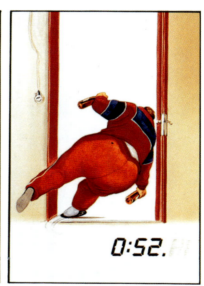

16.11.1995

Vorbereitung für die Skisaison

Viele Super-Models sind out.
Nur echte Top-Stars bekommen noch gut bezahlte Jobs

23.11.1995

Nach dem erfolgreichen Beatles-Comeback:
Die nächste CD ist in Vorbereitung!

30.11.1995

07.12.1995

Weihnachten steht vor der Tür!

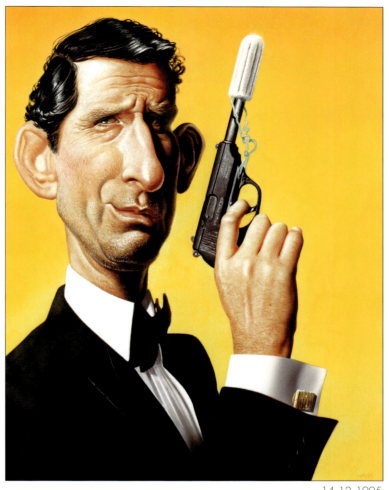

Mein Name ist Bond. Charles Bond

14.12.1995

Jetzt wirds eng! (Es weihnachtet gnadenlos)

20.12.1995

28.12.1995

1996

1996

Frage der Woche:

Was wünschen Sie sich für das neue Jahr?

Ulrich S., Metzgermeister
Dass die Vegetarier als kriminelle Vereinigung anerkannt werden und als Strafe täglich ein Kilo Rindfleisch verzehren müssen

Heinrich P., Rentner
Dass jedem Rentner künftig ein Arbeitnehmer zugeteilt wird. Damit wir endlich wieder ruhig schlafen können

Imme B., Waldorflehrerin
Dass der fragwürdige technische Fortschritt von unseren Kindern fern gehalten wird wie zum Beispiel der Füllfederhalter

Klaus-Dieter S., Creative Director
Dass unsere absolut hippen Werbeblocks nicht immer von diesen abtörnenden Spielfilmen unterbrochen werden

Katharina („Töle") V., Azubi
Dass Bon Jovi endlich in die Altkleidersammlung kommt und „Scooter" für den Nobelpreis vorgeschlagen wird

04.01.1996

Neueste Erkenntnisse über den Untergang der „Titanic"
(japanische Version)

11.01.1996

Formschön und zweckmäßig:
die preiswerte Alternative für den gebeutelten Telefonkunden

18.01.1996

25.01.1996

Bayern/Dortmund – Um den Fußballern die lange Winterpause zu verkürzen,
testet das Verkehrsministerium in einem Pilotversuch ihren Einsatz als Schneefräsen

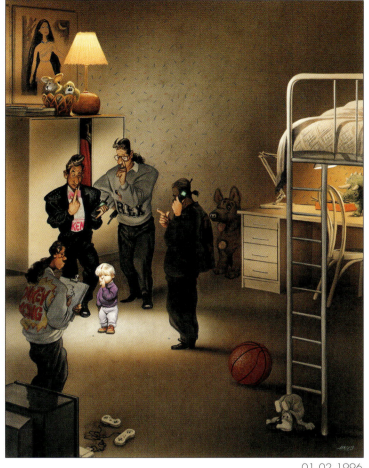

01.02.1996

08.02.1996

Oben links:
Neue Impulse für den Markt:
Trend-Scouts an allen Brennpunkten der Jugendszene!

Oben rechts:
Opernball'96:
durch verdeckte Observierung keine Chance für Störenfriede!

Unten rechts:
Die Kältewelle stellt auch das Engagement
prominenter Tierschützer auf eine harte Probe

15.02.1996

22.02.1996

Die Zeiten werden härter: Positives Denken ist angesagt!

Rechte Seite: Die Urlaubsplanung hat begonnen

29.02.1996

Schlimm! Auch im Boxsport wird immer mehr gedopt

07.03.1996

Letzte Meldung

14.03.1996

21.03.1996

Super! Erste Entwürfe für eine neue Werbekampagne der Bundeswehr

28.03.1996

Das Internet verdrängt immer mehr die Zeitung

Oskar '96

11.04.1996

Neulich in London

Rechte Seite: Frühlingsgefühle: Gartenarbeit verbindet

18.04.1996

25.04.1996

Blaumacher, aufgepasst:
Der Staat geht auf Simulanten-Jagd!

02.05.1996

Plötzlich und unerwartet

09.05.1996

Motorroller-Boom auf Deutschlands Straßen: ein sinnliches Fahrvergnügen!

ABER SONST
IST HEUTE
WIEDER
WIEDER
ALLES KLAR...

15.05.1996

Nur keine Panik: Udo wird fünfzig!

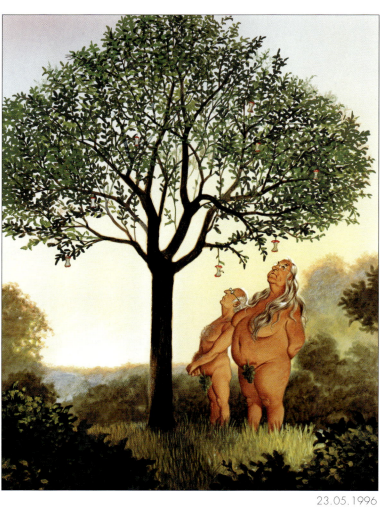

23.05.1996

Paradies in der Krise

30.05.1996

Schwer im Trend: internationale Endlager-Küche

Der Kampf um den Arbeitsplatz wird immer härter!

05.06.1996

Exklusiv:
Was die deutsche Mannschaft so alles im Gepäck hatte!

13.06.1996

Rechte Seite:
Da strahlt der Steuerzahler:
Aus Atomkraftwerken werden Freizeitparks!

20.06.1996

27.06.1996

Sommer '96: Die Sparwelle erfasst auch die Urlauber!

04.07.1996

Urlauber, aufgepasst: Sonnencreme schützt
und schafft Kontakte!

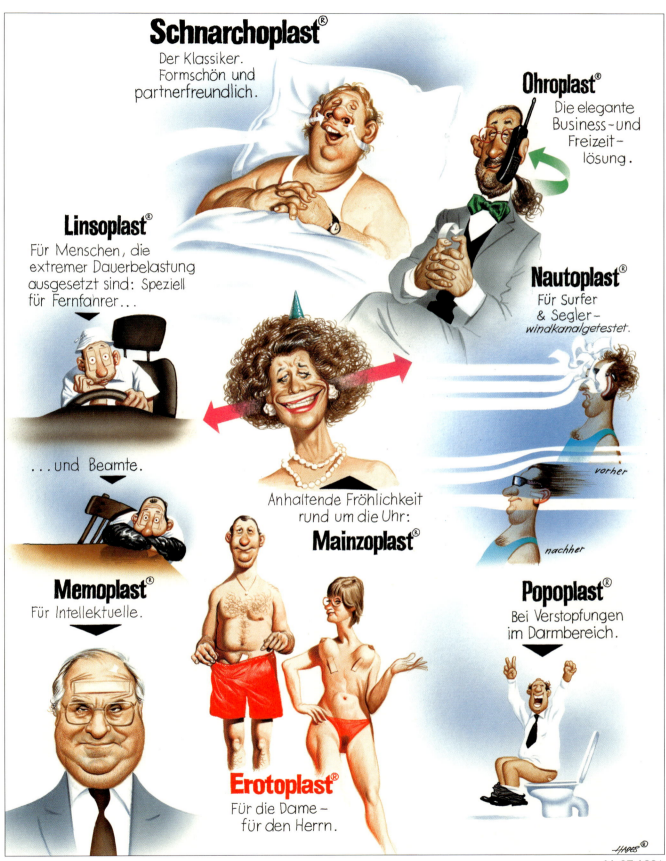

Schnarchoplast®
Der Klassiker.
Formschön und
partnerfreundlich.

Ohroplast®
Die elegante
Business-und
Freizeit-
lösung.

Linsoplast®
Für Menschen, die
extremer Dauerbelastung
ausgesetzt sind: Speziell
für Fernfahrer...

Nautoplast®
Für Surfer
& Segler-
windkanalgetestet.

...und Beamte.

vorher

nachher

Memoplast®
Für Intellektuelle.

Anhaltende Fröhlichkeit
rund um die Uhr:
Mainzoplast®

Popoplast®
Bei Verstopfungen
im Darmbereich.

Erotoplast®
Für die Dame –
für den Herrn.

HADES®
11.07.1996

Nach dem Boom des Nasenpflasters jetzt auch für andere Bereiche: kleben und wohl fühlen!

207

Der nächste Springer. Höchste Konzentration.   Absprung perfekt, meine

Damen und Herren, ein dreifacher Salto geschraubt und gehockt..., mit abschließender Dings..

äh..... oooo Neiiiiin !!!

18.07.1996

Aufgrund einer unglücklichen Arschbombe verfehlte Klaus-Dieter S. nur knapp sein Ziel, in Atlanta anzutreten

25.07.1996

Nach der Sado-Maso-Future- und der Cyber-Sex-Welle: Die Romantiker kommen wieder!

01.08.1996

08.08.1996

15.08.1996

Oben links:
Immer mehr Urlauber bevorzugen sportliche Ferien

Oben rechts:
Neu bei Ihrem Campingausrüster:
Tretminen für den gesunden Schlaf

Unten links:
Ob Klassik oder Pop:
ein Sommer voller Festivals und Konzerte

22.08.1996

In Kürze: Preisverleihung für die 500 besten deutschen Talkmaster

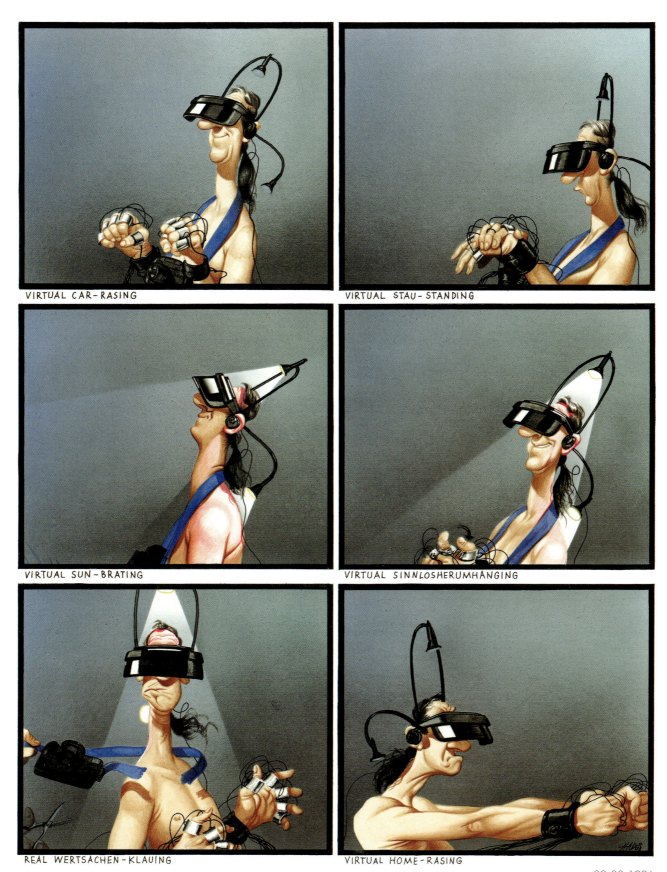

Neu auf der CeBIT: virtuelles Reisen

05.09.1996

Technischer Fortschritt

Trotzdem:
Laut Umfrage mögen 71 Prozent der Deutschen keine Jäger

19.09.1996

Immer mehr Verbraucher
wehren sich gegen gefälschte Markenware

26.09.1996

Unangenehme Randerscheinung im Alltag:
Männer ohne Handy

02.10.1996

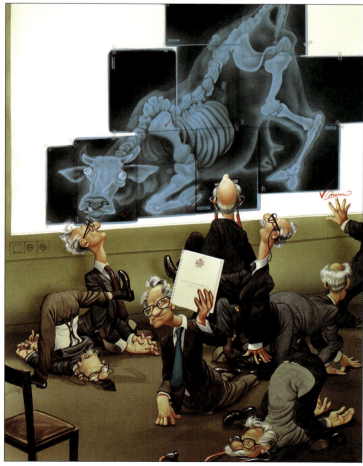

Alles halb so schlimm:
Neues englisches Gutachten beweist die Harmlosigkeit von BSE

10.10.1996

215

17.10.1996

Der Fortschritt ist nicht mehr aufzuhalten: Das Bargeld wird abgeschafft

24.10.1996

Immer mehr Literaten unterschreiben das Manifest gegen die neue Rechtschreibung

Trotz vierzehnjähriger Last des Amtes: Kobelix marschiert
unbeirrt weiter

31.10.1996

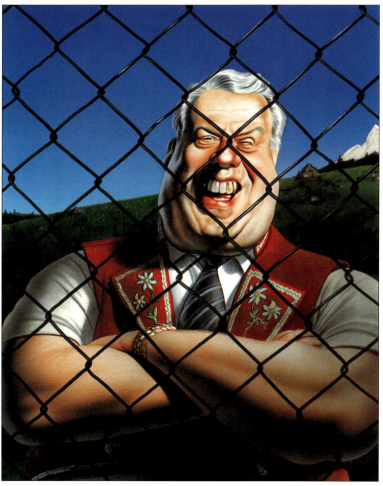

Ein großer Teil der Schweizer Banker
hält die Aufregung um das Nazigold für stark übertrieben

07.11.1996

Rechte Seite:
Sensationeller wissenschaftlicher Erfolg im Kampf
gegen die November-Depression: die Licht-Therapie

14.11.1996

Trotz Arbeitslosigkeit und Konjunkturflaute: Handwerker bleiben Mangelware!

28.11.1996

Trendwende aus den USA: Rauchen wird wieder gesellschaftsfähig

Links:
Trotz Ebbe in der Kasse: Der Trend zu Weihnachtsgeschenken
der gehobenen Art ist ungebrochen

Unten:
Zum Weihnachtsschnäppchen-Einkauf
an die österreichisch-tschechische Grenze!

05.12.1996

12.12.1996

Schöne Bescherung

23.12.1996

1997

02.01.1997

Noch leichte Schwierigkeiten mit der Einheitswährung

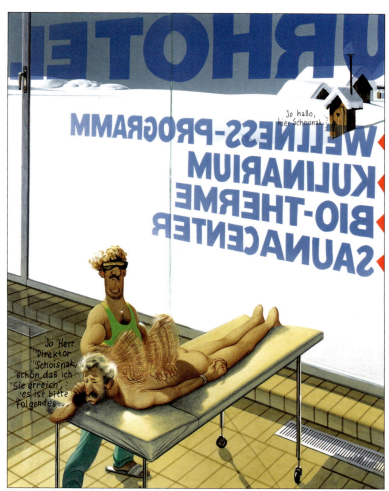

Fit ins neue Jahr:
Wellness-Programme für Manager jetzt im Angebot!

09.01.1997

Autobahnmaut in Österreich: Das Klima bleibt frostig!

16.01.1997

23.01.1997

Beamte, aufgepasst: Die Krankheits-Kontrolle kommt!

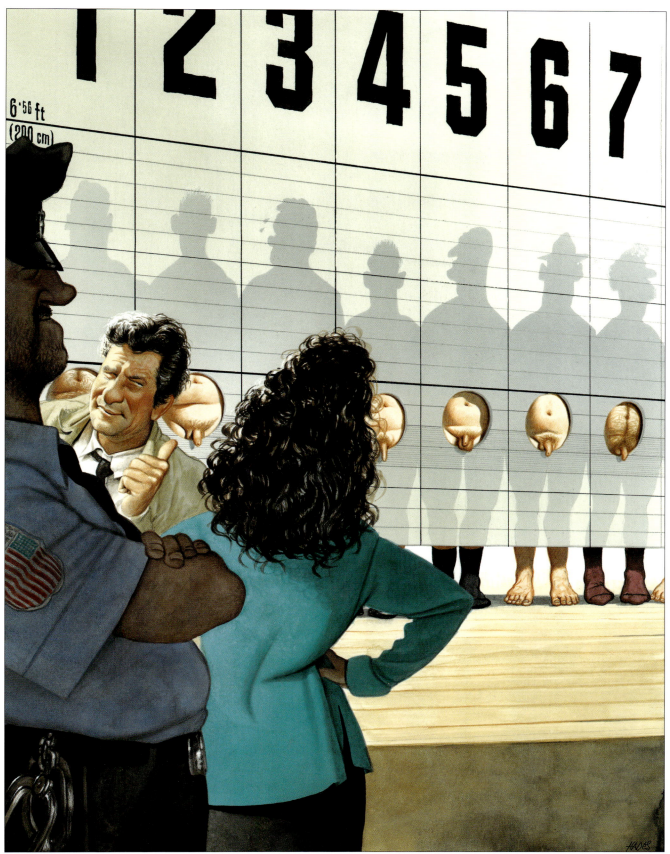

Sensationelle Wende in der Clinton-Affäre: „Little Billy" wird identifiziert!

30.01.1997

06.02.1997

Wie man die Rentenkrise in den Griff bekommt: neue Arbeitsplätze für rüstige Senioren

13.02.1997

Rentale Blümitis?

20.02.1997

Oben links:
Wunschtraum des gebeutelten Steuerzahlers:
der Null-Tarif-Beamte

Oben rechts:
Grippewelle

Unten rechts:
Skifahrers Albtraum: Plötzlich und unerwartet …

27.02.1997

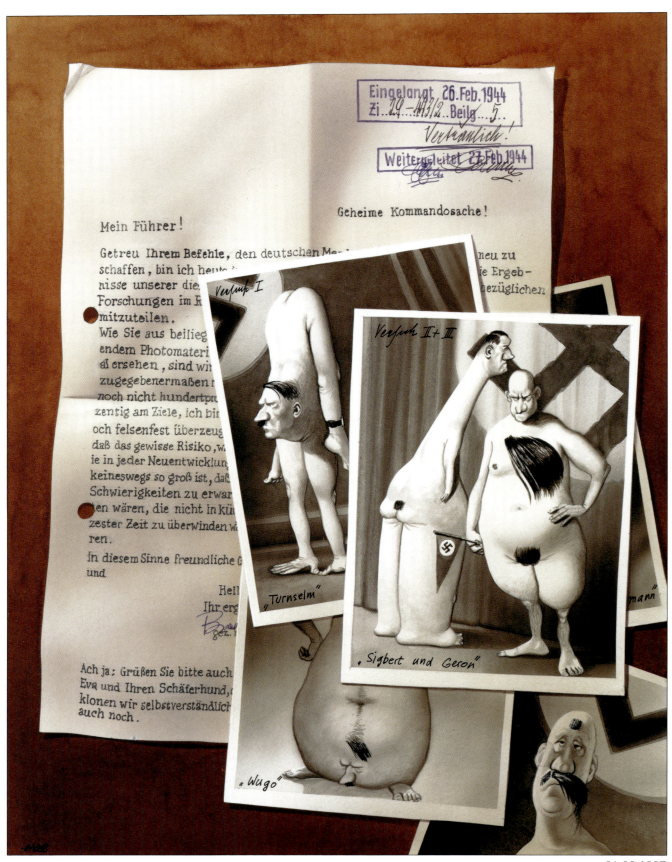

06.03.1997

Jetzt entdeckt: Bereits vor über fünfzig Jahren wurde versucht, Menschen zu klonen

Rechte Seite: Nicht vergessen: Jetzt mit der Frühjahrsdiät beginnen!

13.03.1997

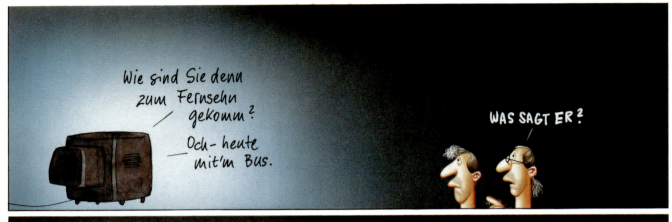

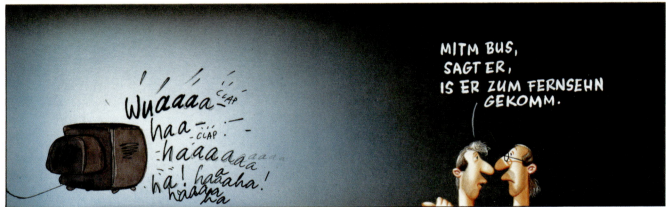

20.03.1997

Frohsinn ohne Ende: Der Comedy-Boom auf allen Kanälen hält an

26.03.1997

Weitsicht: Schon jetzt sammelt die Polizei Freiwillige zur Sicherung des nächsten Castor-Transportes

03.04.1997

Die Folgen der Sparpolitik im Gesundheitswesen: Viele Patienten greifen zur Selbsthilfe

10.04.1997

Neuer Trend: Piercing findet auch in bürgerlichen Kreisen immer mehr Freunde

Ein Blick ins Jahr 2017

17.04.1997

Endlich – die Freiluftsaison hat wieder begonnen!

24.04.1997

30.04.1997

Trotz gewisser Risiken ist der Trend zu Fernreisen ungebrochen

Schlimmes Vorurteil widerlegt: Auch Boxer betreiben Intelligenz-Training

Nach 50 Jahren Fleischbeschau: Trendwende in Cannes

15.05.1997

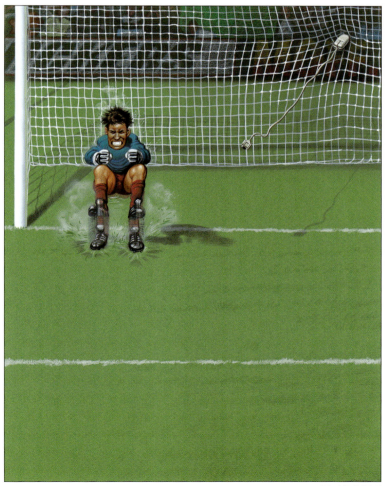

Nach seinem spektakulären Auftritt als Schachspieler
versucht sich „Deep Blue" jetzt auch in anderen Disziplinen

22.05.1997

241

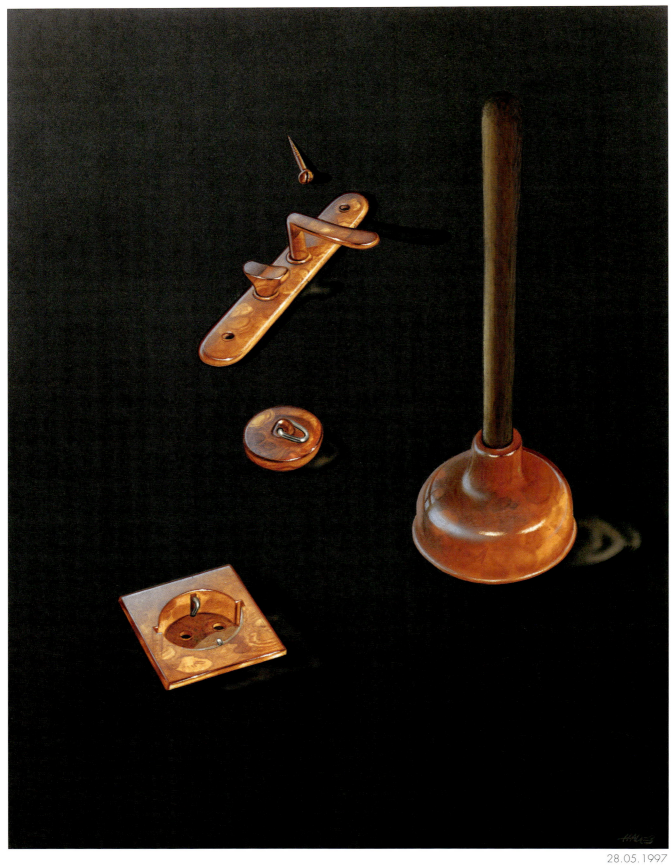

28.05.1997

Sensation: Neue Teile des Bernsteinzimmers gefunden!

Der Kassenknüller aus den USA –
schon jetzt in Deutschland!

05.06.1997

Selige Erinnerungen an die Zeit der Revolution

12.06.1997

Der Trend nimmt zu: Immer mehr Jugendliche
wohnen immer länger bei ihren Eltern

19.06.1997

Guter Geschmack setzt sich durch:
das Outfit zum Kampfhund

26.06.1997

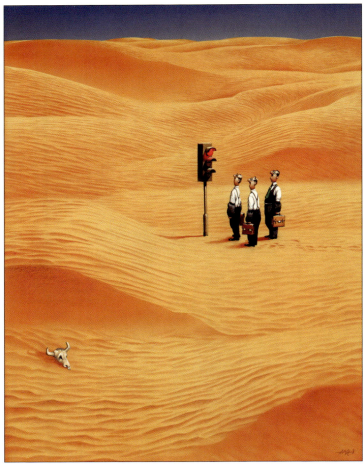

Pflichtbewusstsein   03.07.1997

Die Kehrseite des Tamagotchi-Booms: Auch in un-   17.07.1997
passenden Situationen verlangt das virtuelle Haustier Zuneigung

Frage der Woche: 10.07.1997
Hat auch Sie schon mal einer ins Ohr gebissen?

24.07.1997

Urlaub '97: sparen, sparen, sparen

Kleiner Dienstweg im Urlaub

51 Tisch 120 x 180 x 75 cm , Eiche massiv , um 1930

In den Jahren 1948 – 1953 klein
ARNIE dürfte mit dem Kopf
aun diesen Tisch aungedonnert
sein mehrmals.

In the years from 1948 to
1953 Little ARNIE used to
bang his head against this
table again and again.

07.08.1997

Zu Arnolds 50. Geburtstag: ein Blick ins Grazer Schwarzenegger-Museum

14.08.1997

Rechte Seite: Aus der Geschichte des Feminismus

21.08.1997

28.08.1997

In den USA schon ein Trend – bald auch bei uns: Sexual Correctness

04.09.1997 und 11.09.1997

In seiner Ausgabe vom 04.09.1997 und vom 11.09.1997 brachte der *stern* große Sonderberichte über den Tod von Lady Di. Aus diesem Grund erschien der *stern* zweimal ohne seine Humorseiten.

25.09.1997

01.10.1997

Oben links:
Ende der Sommerferien: Die Touristen werden abgetrieben

Oben rechts:
Strafvollzug: Ein Großteil ist nach wie vor der Meinung,
dass unsere Richter viel zu milde urteilen

Rechts:
Aus der Kritik gelernt: Die Jagd wird immer humaner

09.10.1997

Linke Seite:
Nach erfolgreicher Reparatur der „Mir":
Die Mannschaft ist wieder guter Dinge
18.09.1997

Pos.1: Bereitschaft

Pos.2: Dienst nach Vorschrift

Pos.3: Akkord

Pos.4: Gewerkschaftl. Kampfmaßnahme (Streik)

16.10.1997

Grundstellungen des öffentlichen Dienstes

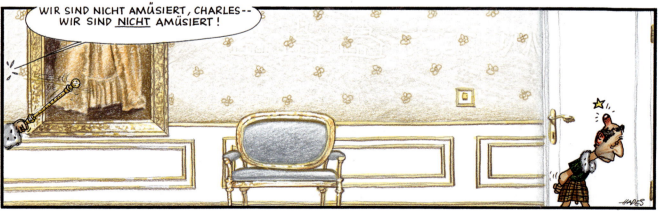

23.10.1997

Schattenseiten der Europäischen Union

Kanzlerwechsel in Deutschland

30.10.1997

Vom Pech verfolgt: Schumi vom ersten Schnee überrascht

06.11.1997

13.11.1997

Stuttgart: jetzt mehr Sicherheit durch verbessertes Testverfahren

Schlimme Entwicklung: Kinder quälen ihre Tamagotchis mit Musik der Kelly-Family!

20.11.1997

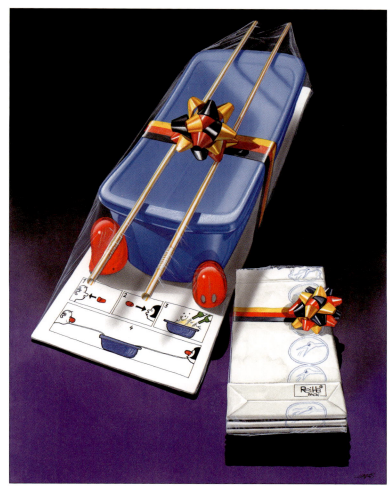

Keine Angst vor der Winterpause:
Das Ballermann-Set fürs Heim ist da!

27.11.1997

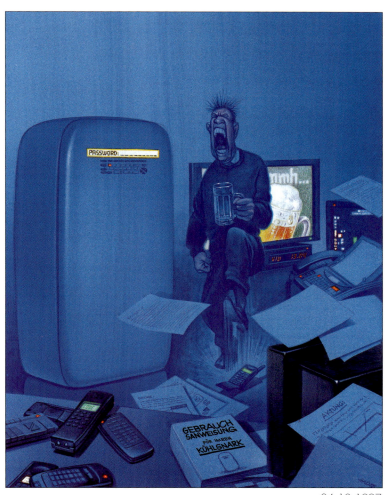

Triumph der Technik:
mehr Komfort durch computergesteuerte Haushaltsgeräte

04.12.1997

11.12.1997

Schamlos! Immer mehr Product-Placement in internationalen Spielfilm-Produktionen

Stellenweise Glatteis

18.12.1997

Weihnachtsfax

23.12.1997

31.12.1997

1998

08.01.1998

Burschenschaften '98: mehr Zulauf durch tadellose Umgangsformen

15.01.1998

Frage an den Experten: Was halten Sie von Alkoholkontrollen für deutsche Mallorca-Urlauber?

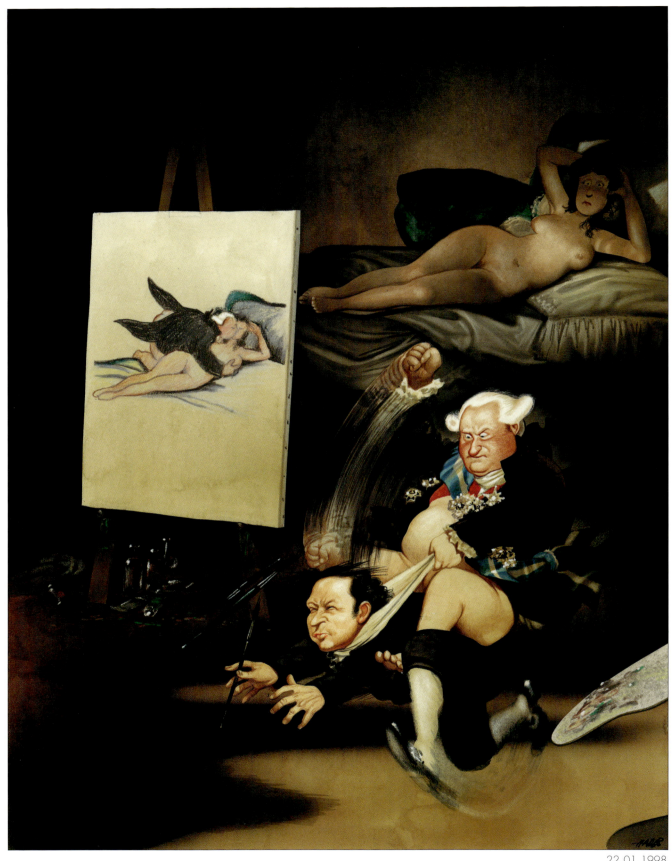

22.01.1998

Schon in früheren Zeiten wehrte sich der Adel gegen Paparazzi

29.01.1998

Offizielle Standfotos des Kreml beweisen: Jelzin wieder topfit!

Für den amtierenden und für kommende US-Präsidenten: das Women-Defense-System

Vereinzelt noch anzutreffen:
Wintersportler auf herkömmlichen Skiern

12.02.1998

Trotz Vertagung der Tarifverhandlungen:
Der öffentliche Dienst hält sich bereit!

19.02.1998

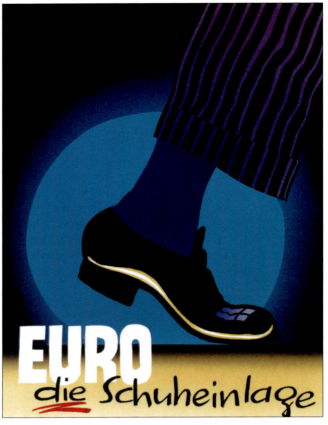

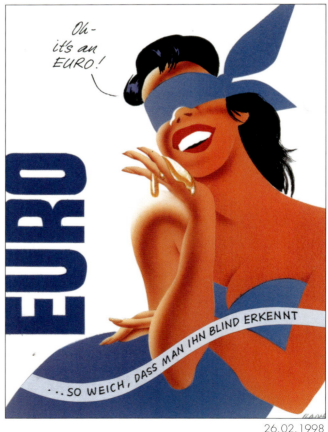

26.02.1998

Der Euro: als harte Währung angezweifelt, als Soft-Produkt ein Renner!

05.03.1998

Freigabe von Haschisch in Sicht: Die Zigarettenindustrie ist vorbereitet

Am toten Gleis

19.03.1998

Titanic-Boom: Es fließt ohne Ende

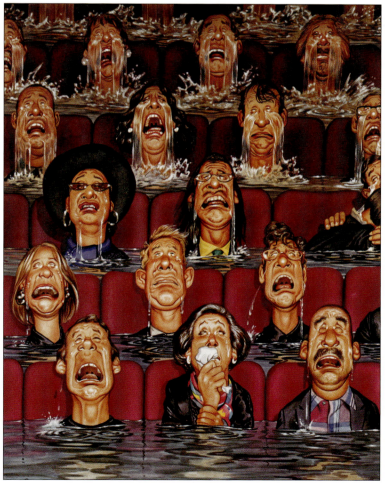

26.03.1998

Linke Seite: Der deutsche Traummann: Guildo Schröder

Bereitmachen für die Freiluftsaison!

08.04.1998

Britische Schreckensvision

16.04.1998

Gewalttaten an Schulen nehmen kein Ende: Max und Moritz – USA-Version

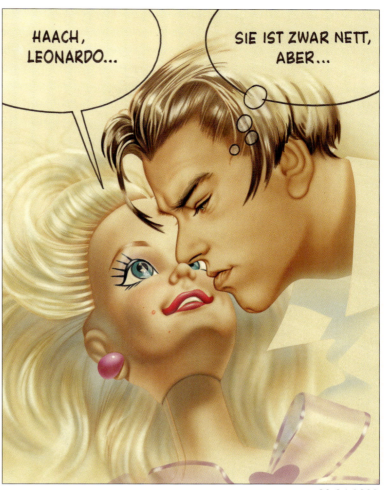

Wie schön: das Traumpaar dieses Frühlings

23.04.1998

Jetzt entdeckt: die Wahrheit über Kaiserin Sissi

30.04.1998

07.05.1998

Blühende Landschaften

Die EU machts möglich:
Der Gesundheitstourismus boomt!

14.05.1998

Kleine Begleiterscheinung

20.05.1998

Totale Arbeitsmarktflaute für Saisonarbeiter

28.05.1998

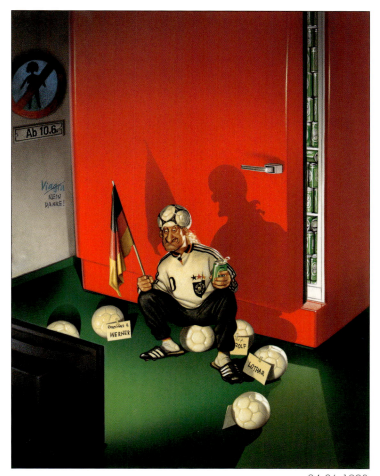

Letzte Vorbereitungen

04.06.1998

10.06.1998

Nach dem Leitersturz von Keith Richards: kein Risiko mehr für die Stones-Tournee

Nach schwerem Stress im öffentlichen Dienst:
Träume vom Urlaub

18.06.1998

Schlimm! Immer mehr virtuelle Figuren
drängen sich in unseren Alltag

25.06.1998

Aufsehen erregende Studie:
Immer mehr Frauen wünschen sich Sex im Freien!

09.07.1998

Weltweite Umfrage enthüllt: Keine Nation
ist so stolz auf sich selbst wie die der Österreicher

16.07.1998

Linke Seite: Achtung, Lehrer, Nerven behalten:
Die Zeit der Zeugnisse naht!

02.07.1998

23.07.1998

Glück gehabt: eine Woche Urlaub im Zimmer mit Balkon und Meerblick zum Supersparpreis!

30.07.1998

Neu auf der Out-Liste: unvollständig bekleidete Dressmen mit Glatze und Dreitagebart

Zugegeben: Das Wetter...

... könnte etwas konstanter sein...

... aber da muß man durch,

....

... denn Urlaub...

bleibt Urlaub.

06.08.1998

Rechts:
Tour de France:
Seit zwei Wochen sind alle Fahrer im Ziel. Fast alle

Unten:
Erinnerungen an den schönsten Badeplatz im Sommer '98

13.08.1998

20.08.1998

Studium '98: Immer mehr Eltern sorgen sich um die Berufschancen ihrer Kinder

27.08.1998

Gipfeltreffen

03.09.1998

Endzeitstimmung: Wie man an Aktien trotzdem noch Freude haben kann

10.09.1998

17.09.1998

Es kann nur einen geben!

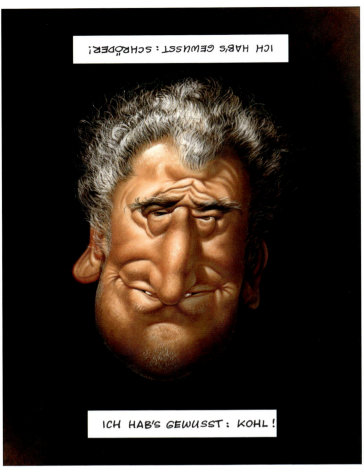

Aus unserer Serie „Männer, die niemals irren".
Heute: der Meinungsforscher

01.10.1998

Sexualberaterin Frau Dr. Gertie meint:
Mehr Lebensfreude im Haushalt jetzt auch für deutsche Senioren!

08.10.1998

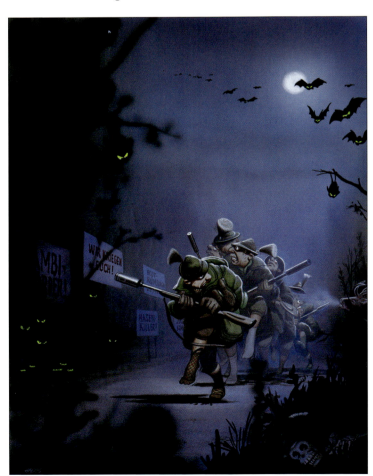

Die Jagdsaison hat begonnen

15.10.1998

Der Pferdeflüsterer im Kino –
Haustierflüsterer im Alltag

22.10.1998

29.10.1998

Traurig, traurig: Auch Wuffi lebt nicht ewig ...

Der Schatten und sein Kanzler

05.11.1998

Grauer November:
Auf der Suche nach Licht und Wärme

12.11.1998

19.11.1998

Die neue Freude am Amt

26.11.1998

Mickey Mouse feiert Geburtstag: 70 Jahre und kein Ende abzusehen

03.12.1998

Sensation im Himalaya: Reinhold Messner erstmals von Yetis ohne Sauerstoffmaske fotografiert

10.12.1998

Gesegneter Appetit

17.12.1998

Jetzt wirds gerechter:
Auch die Reichen können sich nicht mehr alles leisten

22.12.1998

Geschenke können das Leben verändern

30.12.1998

1999

07.01.1999

Ärgernis Gebrauchsanweisung: auch in diesem Jahr keine Besserung in Sicht

21.01.1999

Schicksalsfrage:
Jetzt muss Deutschland sich entscheiden!

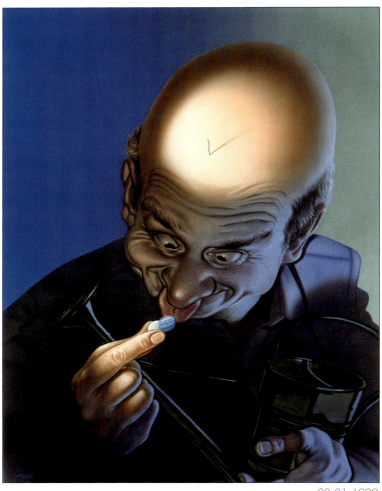

28.01.1999

Schluss mit Potenzschwäche und Haarausfall:
Die Kombipille für den Mann ist da!

04.02.1999

Schneller als die Uhr: neue Rekorde im Markenzeigen

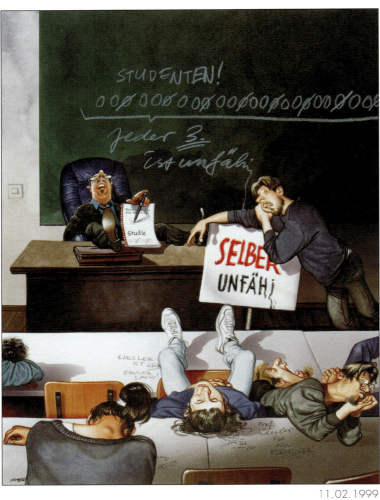

Immer mehr Studenten und Professoren
werfen sich gegenseitig Unfähigkeit vor

11.02.1999

Doppelpass-Experten

18.02.1999

Rechte Seite:
Euro: noch nicht alle Erwartungen erfüllt

25.02.1999

Der Medienkanzler

11.03.1999

Preissturz bei Handy-Tarifen: Schon aus kleinstem Anlass wird telefoniert!

Tragende Rolle

18.03.1999

Monica Lewinsky, everybody's darling

25.03.1999

Die neue CD des Papstes ist da: Schluss mit stiller Einkehr!

Die Zahlungsmoral in Deutschland sinkt:
Immer mehr Gerichtsvollzieher sind erschöpft

08.04.1999

Auf Kollisionskurs

15.04.1999

Ein Bombengeschäft

22.04.1999

Erste Ausstellung des Malers Paul McCartney:
Welche Bilder nicht gezeigt werden

29.04.1999

310

06.05.1999

Mai – Zeit der großen Gefühle

12.05.1999

Unter Millionen Bikern entdeckt: der letzte Radfahrer

Die Badesaison hat begonnen — 20.05.1999

Halb so schlimm: kleine Zielungenauigkeiten — 27.05.1999

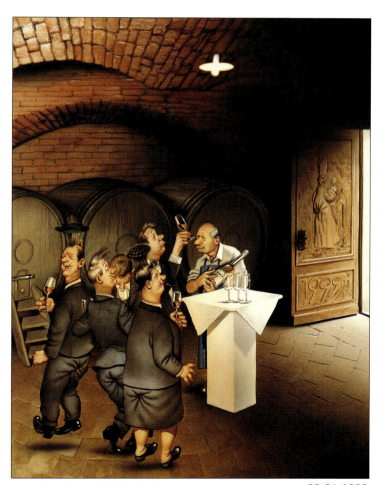

Ein Tipp für Kenner: Der junge Wein wird jetzt verkostet — 02.06.1999

Schlimm! Immer mehr Lehrer haben Angst vor ihren Schülern — 10.06.1999

Schock im Urlaub: der Handy-Griff ins Leere

24.06.1999

Der Verdacht auf Doping im Radrennsport erhärtet sich

01.07.1999

Gruß aus Brüssel

Im Sommer unzertrennlich:
Urlauber und Stechmücke

08.07.1999

Super!
Noch nie waren Kredite so billig wie heute!

15.07.1999

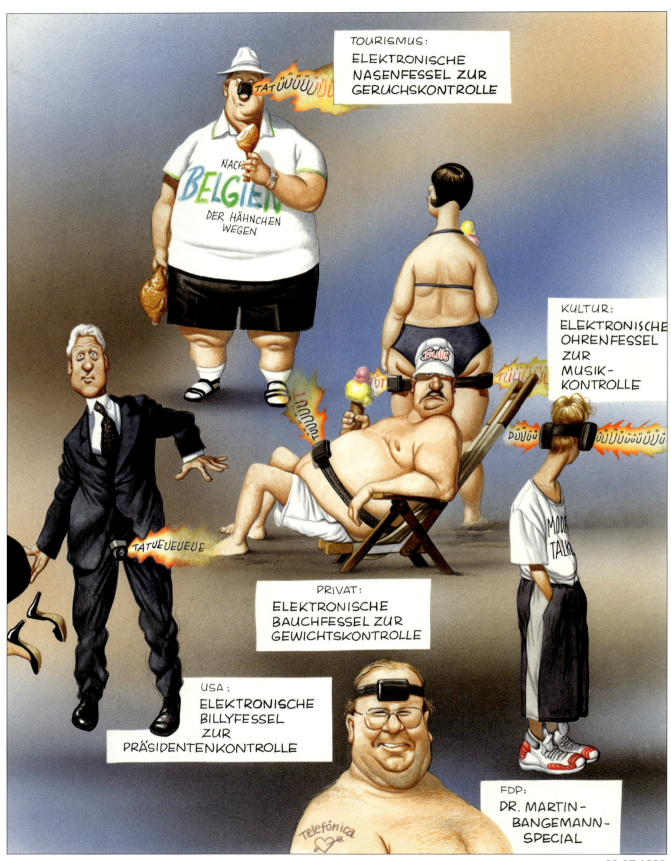

Elektronische Fußfessel: Anstoß für eine ganz neue Produktreihe

29.07.1999

Touristentreck '99: Endlich am Ziel!

WIR BEFINDEN UNS IM JAHRE 1999 n. Chr. GANZ
EUROPA IST VON TOURISTEN BESETZT... GANZ EUROPA?
NEIN! EIN VON UNBEUGSAMEN SPANIERN BEVÖLKERTES
INSELREICH HÖRT NICHT AUF, DEN EINDRINGLINGEN WIDER-
STAND ZU LEISTEN. UND DAS LEBEN IST NICHT LEICHT
FÜR DIE TOURISTEN, DIE ALS BESATZUNG IN DEN BEFESTIG-
TEN LAGERN MALLORCA, MENORCA UND CABRERA LIEGEN...

05.08.1999

Trotz wechselnder Bedingungen: Die Leistung bleibt konstant

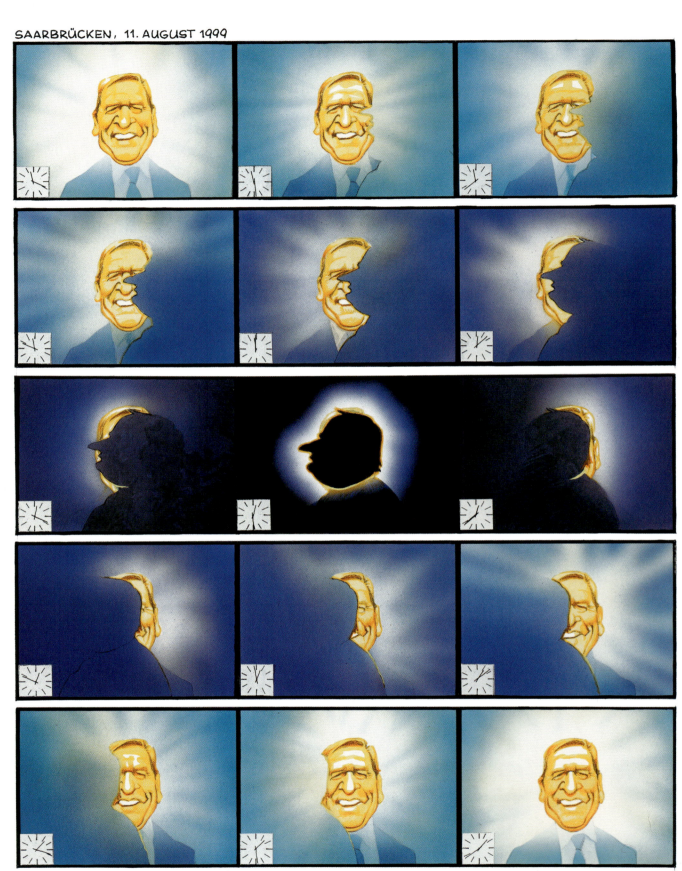

19.08.1999

Neue SoFi-Bilder aufgetaucht!

Goethe – die unerreichbare Größe

26.08.1999

Nach den spektakulären Erfolgen: jetzt auch Doping-
Kontrollen beim Stabhochsprung!

02.09.1999

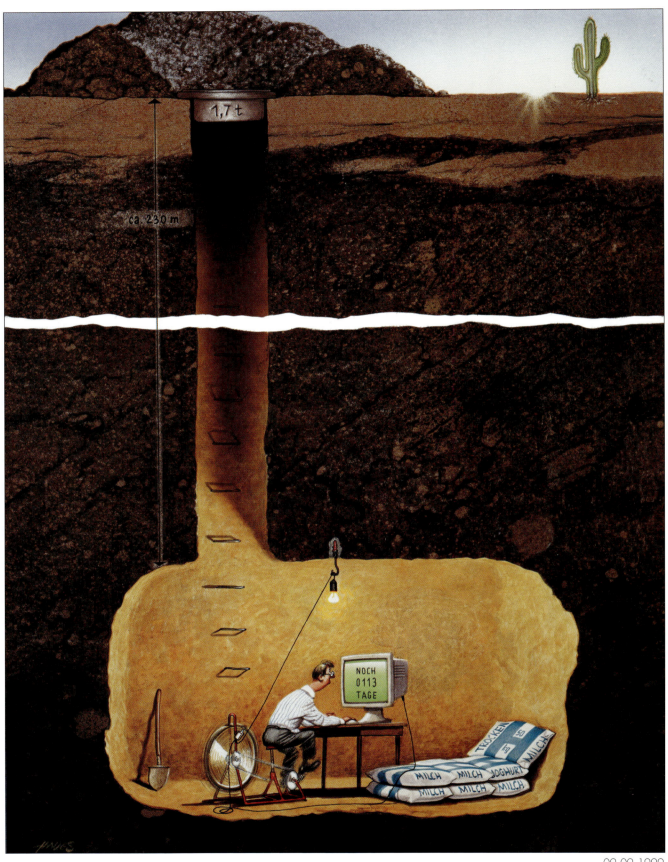

09.09.1999

Jahrtausendwende: Immer mehr Menschen fürchten sich vor dem Weltuntergang

Oben links:
Skandal! Naddel an freier künstlerischer Entfaltung gehindert!

Oben rechts:
Studium '99: Immer diese Entscheidungen …

Unten rechts:
Eine Nummer zu groß

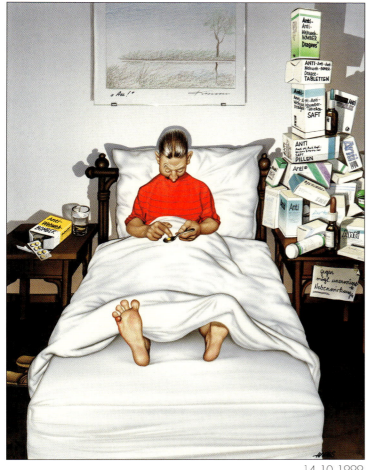

14.10.1999

21.10.1999

Oben links:
Super! Immer weniger
Risiken und Nebenwirkungen bei Arzneimitteln!

Oben rechts:
Waidgerecht und furchtlos:
Jetzt steht der deutsche Jäger wieder überall seinen Mann

Rechts:
Österreich: Katerstimmung nach dem Rechtsruck

28.10.1999

Linke Seite:
Die Nato im Frieden

07.10.1999

04.11.1999

Probefahrt

Immer mehr Menschen fürchten sich vor einer Veränderung des Weltklimas

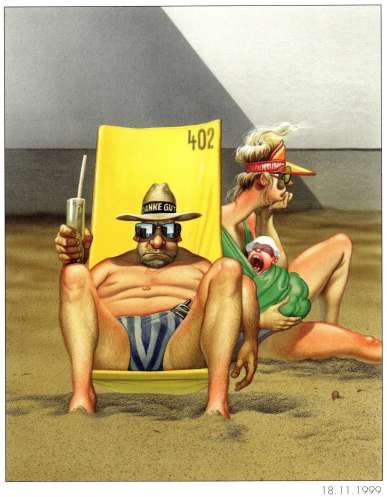

18.11.1999

Wirksames Mittel gegen die Novemberdepression:
ein paar Tage in den sonnigen Süden fahren!

25.11.1999

Jahreswende '00:
Auch Experten werden langsam skeptisch

02.12.1999

Schlimm! Die Welle feindlicher Übernahmen ist nicht mehr zu stoppen!

Leichter Sockelschaden

09.12.1999

Abstoßende Wirkung

16.12.1999

Rechte Seite:
Ganz oben auf dem Wunschzettel: das Handy

22.12.1999

29.12.1999

2000

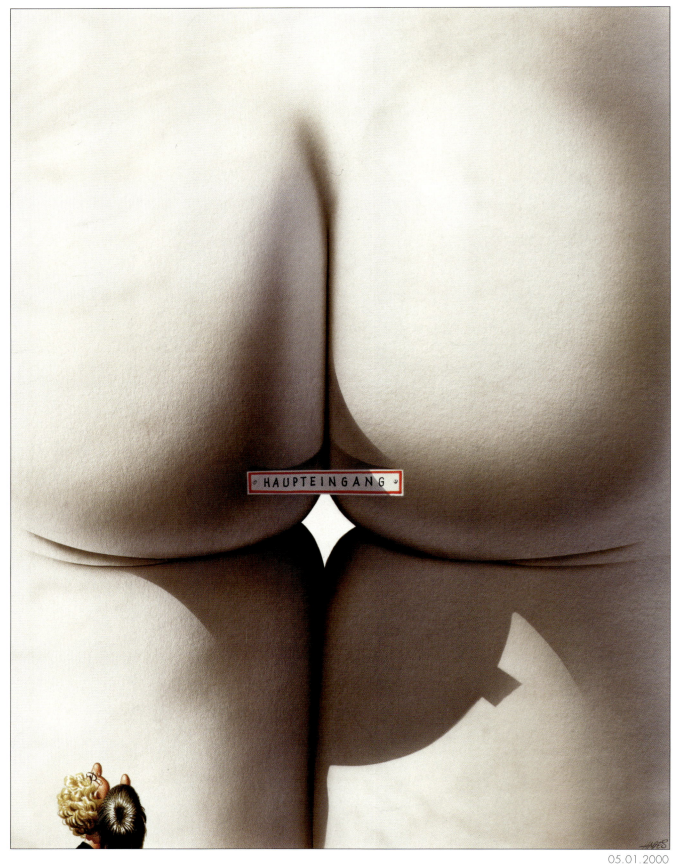

05.01.2000

2000: Gute Aussichten für Karriere-Macher

20.01.2000

Jetzt neu im Zahlungsverkehr: Die Koffer-Währung

27.01.2000

… schon jetzt ein Millionen-Erfolg!

03.02.2000

Österreichischer Karneval

10.02.2000

Auch das noch! Immer mehr Zweifel an der Unfehlbarkeit des Papstes

Europäische Sumpflandschaft

17.02.2000

Schluss mit Affären und Geheimnistuerei:
„Big Brother" jetzt auch für Politiker!

24.02.2000

Ski is out – Snowboard ist hip!

02.03.2000

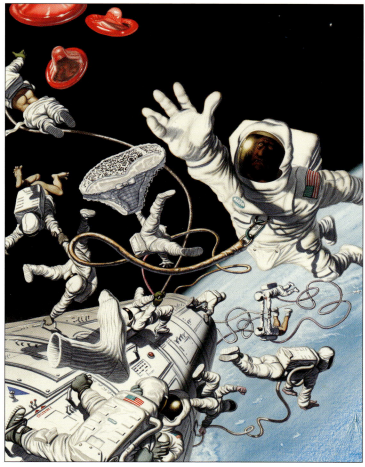

Jetzt im Test: Sex im Weltraum

09.03.2000

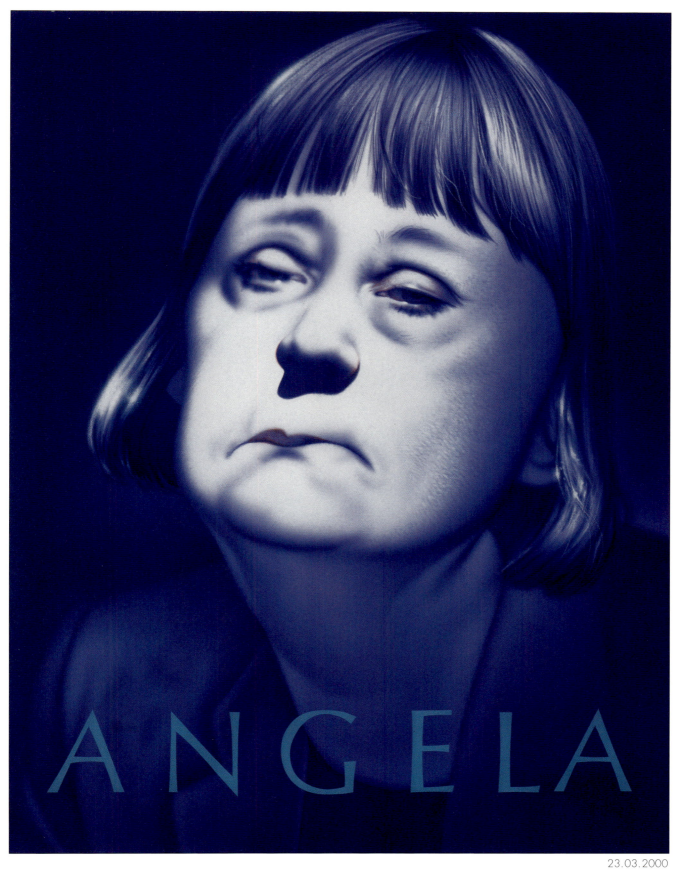

ANGELA

23.03.2000

Der blaue Engel (Christdemokratische Version)

Linke Seite: Achtung, Handy-User: In den Alpen fällt immer noch Schnee!

Schlimm! Immer weniger Hilfsbereitschaft
in Deutschland

30.03.2000

Börsenkurse: Man kann sich auf nichts
mehr verlassen!

06.04.2000

Sonnenhungrige aufgepasst:
Die Rasenmäher-Saison hat begonnen

13.04.2000

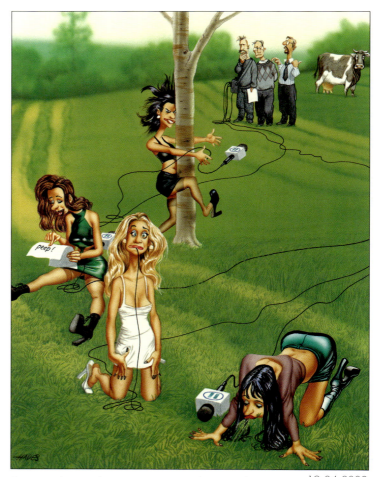

Dringend gesucht: eine neue Moderation für „Peep"

19.04.2000

344

Die Angst der Abenteurer vor den High-Tech-Börsen

Das geht zu Herzen: ein selbst gebasteltes Geschenk zum Muttertag

Linke Seite: Super! Harmonie in der Familie steht wieder hoch im Kurs!

GOTTSCHALK OHNE ZDF

ZDF OHNE GOTTSCHALK

Auch mit fünfzig: unentbehrlich wie eh und je!   18.05.2000

Nicht alle Erpressungsversuche mit Computerviren   25.05.2000
laufen derzeit erfolgreich

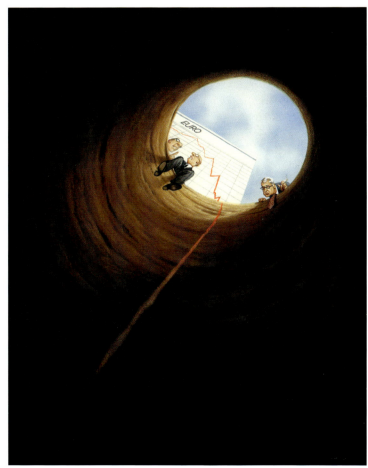

Leichte Vertrauenskrise   31.05.2000

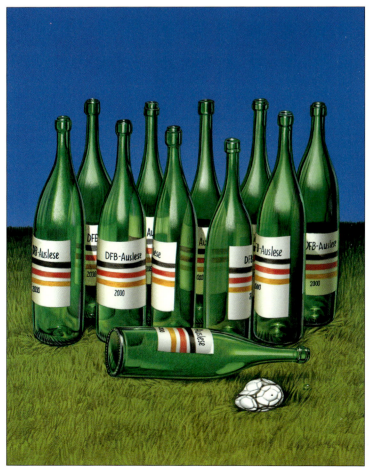

Frei nach Trapattoni: elf Flaschen leer   08.06.2000
(nicht im Bild: Erich Ribbeck)

15.06.2000

Parkbesucher aufgepasst! Die Grill-Rambos sind wieder da!

21.06.2000

Expo: Der Besucherstrom kommt langsam in Schwung

29.06.2000

06.07.2000

13.07.2000

Oben links:
Ärgernis Studium: Immer länger und immer teurer

Oben rechts:
„Big Brother" auf der Robinson-Insel:
Schöne Grüße an die Nachbarn

Unten rechts:
Super! Die Nationalmannschaft ist wieder stark motiviert!

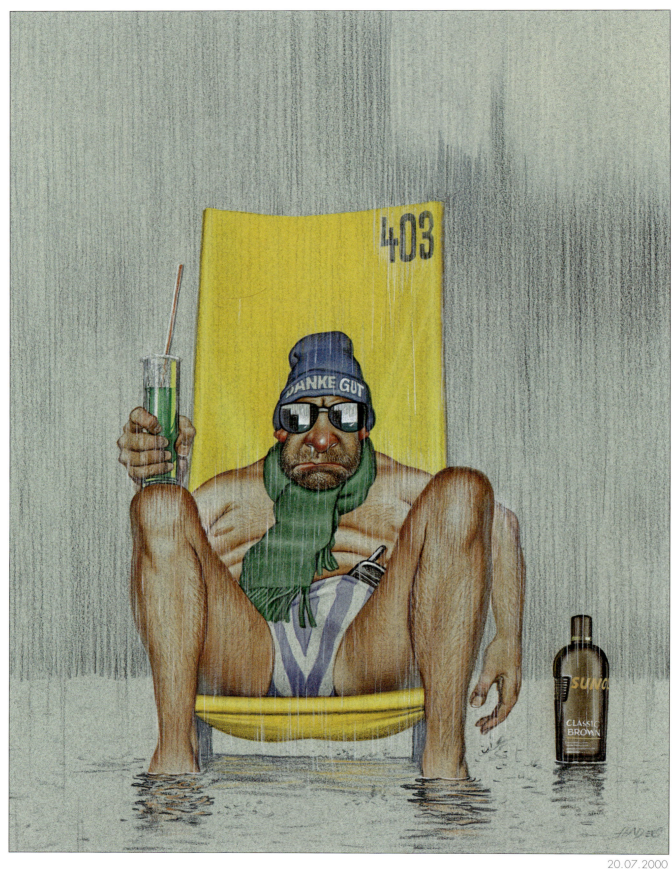

20.07.2000

Sommerurlauber 2000: Durch nichts zu erschüttern!

Der Altkanzler im Urlaub: Alles nicht mehr so wie früher!

10.08.2000

Endlich! Immer mehr Bürger nehmen eine kritische Haltung gegenüber Rechtsradikalen ein

Linke Seite: Jetzt geht alles!
Die deutsche Sprache wird immer benutzerfreundlicher

24.08.2000

Wettervorhersagen: immer präziser, immer zuverlässiger

Linke Seite: 40 Jahre sexuelle Revolution: Kommt die romantische Liebe zu kurz?

Präsident Putin:
starker Mann in der Krise

31.08.2000

Nach der Kanzlerreise durch den Osten:
Jetzt herrscht wieder Zuversicht!

07.09.2000

14.09.2000

Hessisches Gutenachtgebet

359

21.09.2000

28.09.2000

05.10.2000

Oben links:
Olympisches Synchronfernsehen

Oben rechts:
Schlimm! Immer mehr Autofahrer
müssen sich von ihren Benzinfressern trennen!

Unten links:
Grenzenlose Freude: Zehn Jahre einig Vaterland!

...werden wir nicht ruhen, bis der letzte Hase, das letzte Birkhuhn, die letzte Schnepfe den deutschen Wald verlassen hat und unsere Mütter, Frauen und Töchter wieder angstfrei schlafen können!

12.10.2000

Gott sei Dank! Die Jagdsaison hat wieder begonnen!

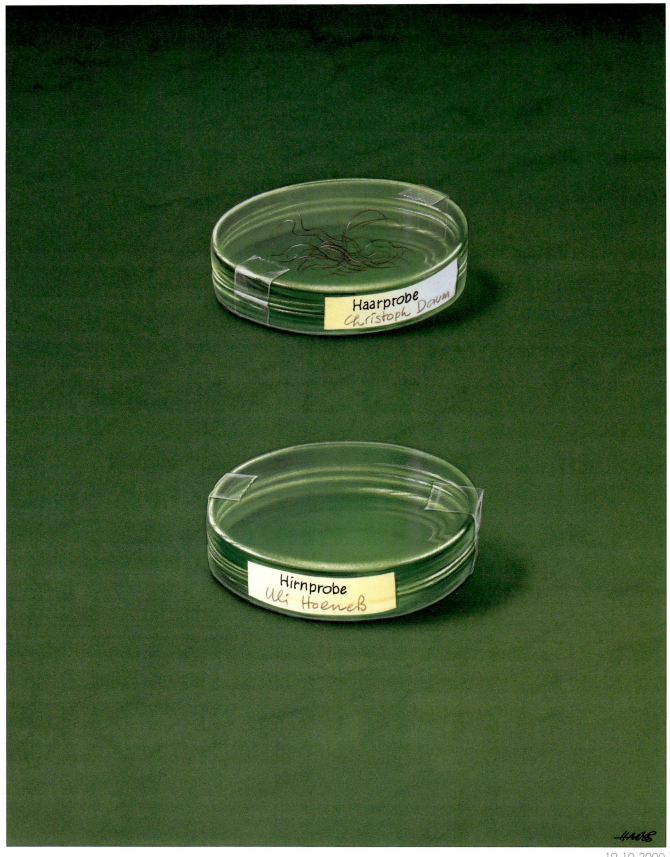

Haarprobe
Christoph Daum

Hirnprobe
Uli Hoeneß

19.10.2000

Spurensicherung

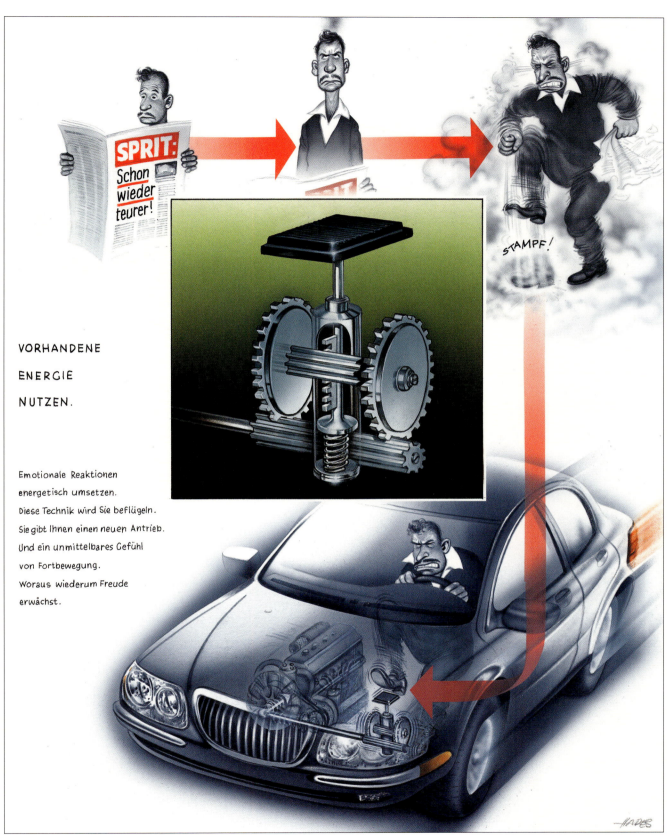

SPRIT: Schon wieder teurer!

STAMPF!

VORHANDENE ENERGIE NUTZEN.

Emotionale Reaktionen energetisch umsetzen. Diese Technik wird Sie beflügeln. Sie gibt Ihnen einen neuen Antrieb. Und ein unmittelbares Gefühl von Fortbewegung. Woraus wiederum Freude erwächst.

26.10.2000

Super! Das Null-Liter-Auto ist da!

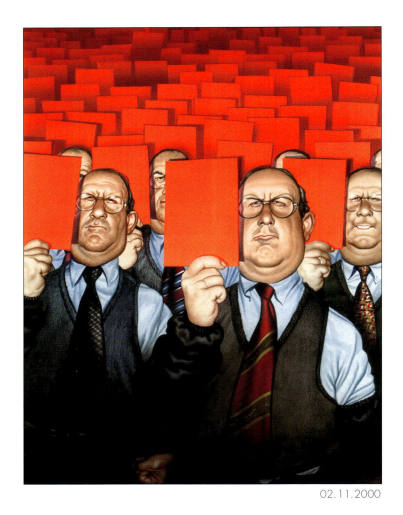

02.11.2000

09.11.2000

16.11.2000

Oben links:
Jetzt werden die Beamten aktiv:
Keine Nullrunde im Öffentlichen Dienst

Oben rechts:
Goodbye, Billy

Unten links:
Na endlich! Sonderkommando „Koksnase" gegründet!

23.11.2000

November-Depressionen am Neuen Markt

30.11.2000

Nationale Einheit

07.12.2000

Bundesweites **S**chock **E**rlebnis

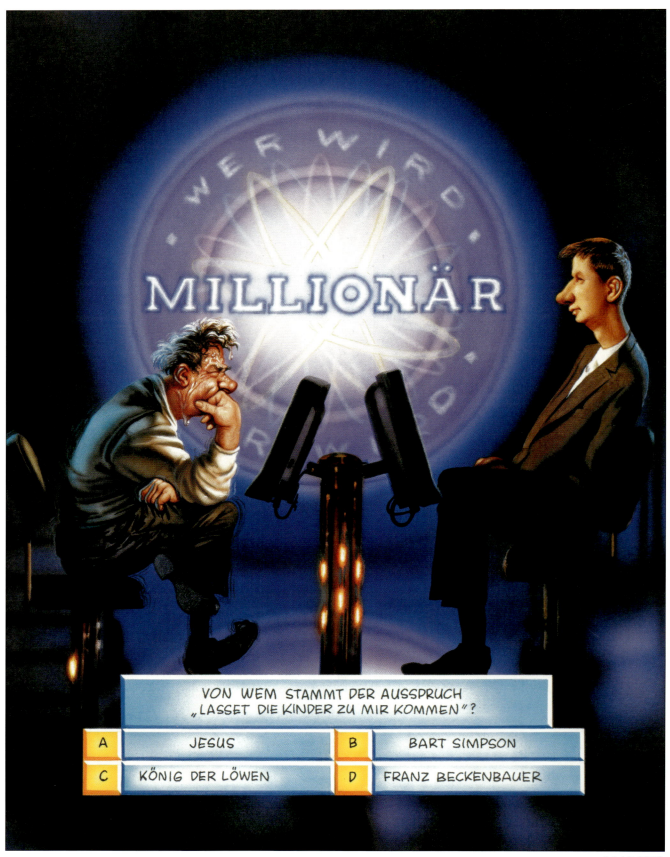

14.12.2000

Deutschland im Quiz-Fieber

20.12.2000

Letzte Meldung: 93,3% freuen sich auf Weihnachten im Kreis der Familie

28.12.2000

2001

Das wird den Sportmedizinern zu denken geben: Skifliegen ist populärer denn je

11.01.2001

Schlimm! Schon wieder Süchtige in der Bundesliga entdeckt!

Die wilden Jugendjahre unserer Politiker. Heute: Friedrich Merz

Wenn der Winter Pause macht…

Hometrainer „Housemaster".

Für Einsteiger, Fortgeschrittene und Fitness-Profis. Direkte Erfassung der Herzfrequenz durch Brustgurt und Übertragung auf die **Puls-Watch-Armbanduhr** - mit Eingabe von Pulsober- und Untergrenze, audio-visueller Alarmfunktion, Stoppuhr und Uhrzeit.

15 PS, 20 km/h.

Brustgurt

1.999.-

Puls-Watch-Armband-uhr electronic für Pulsübertragung

Glatteis-Matte „Reykjavik".

Mit ausführlicher Aufbau- und Übungsanleitung. Platzsparend verstaubar, eine Zierde für jeden Fitness-Keller

257.-

25 kg

91.40

TROCKEN SCHNEE Pulver
25 TROCKEN SCHNEE Firn

15 kg

68.50

Fahrbare Schneekanone „Wintermärchen".

10 kg pro Schuss, beschneit ein bis zwei Nadelbäume, drei Meter Thujenhecke bzw. 5 qm Rasen.

Ohne Trockenschnee.

FORMSCHÖN

2.268.-

Verkehrsfunk-Bar.

Mit 11 verschiedenen Durchsagen (z.B:„Achtung Autofahrer! Schnee-treiben und Glatteisgefahr im Raume Espelkamp / Osnabrück!")

Batterie-betrieben

55.90

Türschloss-Vereiser.

Vereist zuverlässig und lang anhaltend Fahrer- und Beifahrertüren aller gängigen Auto-marken.

Ganzjährig einsetzbar.

SPRAY

26.-

ANTI MUFF ®

Zehen-Frigidaire.

Für authentisches Winter-feeling. Mit vier Adaptern für Finger-spitzen, Ohren, Nasen, etc.

Bis minus 35°C **331.20**

Vorher

Nachher (1 Schuss)

25.01.2001

Super! Fit bleiben im Winter auch ohne Eis und Schnee!

Jetzt im Trend: der Ehevertrag

01.02.2001

Jetzt gehts los:
Immer mehr Bundesbürger handeln wie die Wilden!

08.02.2001

15.02.2001

Peinlich! Schon wieder falscher Bildausschnitt in Boulevardzeitung entdeckt!

Na endlich!
Die CDU macht Schluss mit irreführender Werbung

22.02.2001

Der europäische Fleischberg wächst und wächst!

01.03.2001

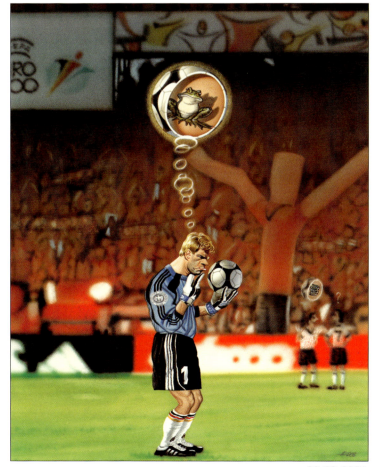

Fragen, die die Nationalelf überfordern.
Heute: Warum hüpft der Ball?

08.03.2001

Noch nie war das Fasten so leicht wie heute

15.03.2001

Grüner Wunschtraum zum Frühlingsanfang: die Harmonie zwischen Mensch und Tier

29.03.2001

Immer kleiner, immer bedienungsfreundlicher: Die neue Handy-Generation ist da!

Pleitewelle in der Internetbranche

05.04.2001

Von englischen Wissenschaftlern rekonstruiert:
das wahre Gesicht Jesu Christi!

11.04.2001

19.04.2001

Immer mehr Frauen überlassen ihr Wunschkind nicht mehr dem Zufall

26.04.2001

Faule und Drückeberger aufgepasst: Jetzt wirds ernst!

03.05.2001

Neulich – als die Queen wieder mal nicht einschlafen konnte

10.05.2001

Nicht vergessen – am nächsten Sonntag ist Muttertag!

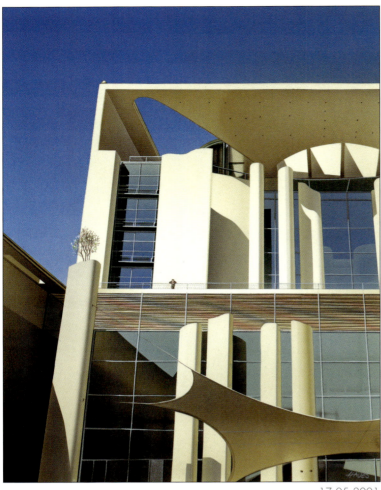

Manchmal kam sich der Bundeskanzler
in seinem neuen Büro doch etwas verloren vor

17.05.2001

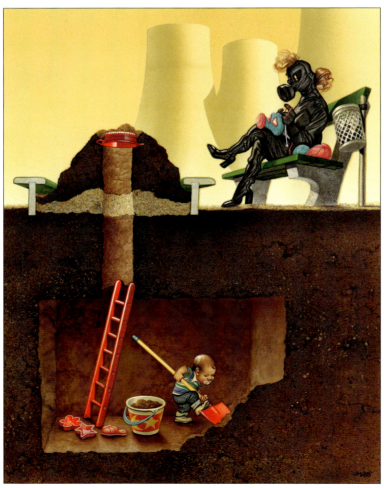

Noch nicht viel Vertrauen in den geplanten Atomausstieg

23.05.2001

Rechte Seite: Unerträglich:
Faule Arbeitslose provozieren den Bundeskanzler!

31.05.2001

07.06.2001

Endlich: Strenge Erziehung ist wieder angesagt

13.06.2001

Eine Untersuchung beweist: Grillen findet **er** besonders männlich!

Gemein! Etat für die Streitkräfte
schon wieder geschrumpft!

21.06.2001

Sommermode für Männer:
Nach wie vor dominiert die sportlich-legere Linie

28.06.2001

Rechte Seite: CDU-Wüstenrallye

05.07.2001

TYPISCH DEUTSCH

Pünktlich. Fleißig. Ordentlich. Gehorsam. Gemütlich.
Vergessen Sie's. Lauter Vorurteile.
Wir sind ganz anders.

Von Wolfgang Röhl

An Rotbart nagt der Zahn der Witterung. Risse und Abbrüche haben die sandsteinerne Kaiser-figur gezeichnet. Aber diese Aura! Die rechte Hand am Schwert, die linke im wallenden Bart. Friedrich I., genannt Barbarossa, Herrscher des ersten Deutschen Reiches im 12. Jahr-hundert, verkörpert die gute alte Zeit. Heinrich Heine, die Gebrüder Grimm und andere erhoben ihn zur Messiashoffnung der Deutschen. Laut Legende harrte er im Keller seiner Burg im Kyffhäuser-berg, dereinst das Reich zu erneuern. Verzaubert, unsterblich. Der Bart durch den Tisch gewach-sen.

Das Kyffhäuserdenkmal in Nordthüringen haben Veteranen des Frankreichfeldzugs von 1870/71 finanziert. Der pickelhaubige Kaiser Wilhelm I. thront auf hohem Ross über Barbarossa, gleich-sam dessen Erfüller. Über Jahrzehnte war der Kyffhäuser ein Walhalla von Chauvinisten und Kommissköppen. Kein Hurrapatriot ließ ihn aus, „des deutschen Sehnens heiligen Berg". Hitler war natürlich auch da. „Unternehmen Barbarossa", so lautete später der Code für den Angriff auf die Sowjetunion.

NACH GRÜNDUNG DER DDR, erinnern sich die Älteren im nahen Bad Frankenhausen, wollten örtliche Kommunisten das Monument sprengen. Doch ein russischer Militär, zuständig für Kultur-politik in der Besatzungszone, verbot die bequeme Geschichtstilgung. Die Deutschen sollten ruhig mit ihrer Vergangenheit konfrontiert bleiben. Flink wurde der Kyffhäuser zu einem „Mahnmal gegen Militarismus und Imperialismus" umfunktioniert. In die Nähe setzte man ein politisch kor-rektes Bauernkriegs-Panorama.

Ach, ewige Deutschheit. Dunkles Streben. Pathos, Größenwahn. Einheitsmythos, Eiferertum, Ka-davergehorsam. Am Kyffhäuser, scheint's, treffen Grundlinien aufeinander. Nirgends weht einen der Nationalcharakter stärker an. Wirklich? Oder sind wir bloß Opfer der Vorurteile über uns selber? „Typisch deutsch" – was ist das?

BETRIEBSINTERNER SCHMÄH, zunächst mal. Was dem Deutschen nicht passt, denunziert er als typisch deutsch. Der Falschparker, dessen faule Ausreden nicht akzeptiert werden, schimpft die Hostess so. Natürlich Unsinn – man versuche mal, etwa mit einem amerikanischen Knöllchenverteiler zu diskutieren. Typisch deutsch, mosert der bessere Mallorca-Tourist über verprollte Landsleute, die sich in der Schinkenstraße von El Arenal zuschütten. Doch in den britischen Pubs von Magaluf geht es ebenso barbarisch zu. Wer irgendein Problem mit den Behörden hat, jammert über die „typisch deutsche" Bürokratie. Diese ist freilich in den meisten Ländern – einschließlich EU-Staaten wie Spanien, Griechenland oder Italien – ausufernder, anmaßender, schikanöser und undurchschaubarer, dazu oft auch noch korrupt. Wenn Otto von Bismarck klagte, es sei typisch deutsch, „beim Biere die Regierung schlecht zu reden", so irrte auch er. Das tun von jeher – und viel lieber – die Franzosen. Allerdings beim Rotwein.

Lauter populäre Irrtümer. Wer penibles Rasenmähen für eine deutsche Obsession hält, war noch nie auf dem englischen Land. Der Gartenzwerg, obzwar in Thüringen vor rund 200 Jahren ersonnen, ist heutzutage in mehr kanadischen Vorgärten zu besichtigen als in hiesigen. Der Verkehrsschilderwald, er gedeiht in New York nicht schlechter als in Berlin. Die Vorstellung, der deutsche Mensch sei besonders dick, wird in Amerika, der Karibik oder in der Südsee augenblicklich relativiert. In Europa, meldeten britische Blätter vor einem Jahr, habe England Deutschland als „fattest nation" überholt. Zurzeit sind laut EU-Untersuchungen die Griechen Europas Moppel.

Im Land der Autofetischisten – Idealtypus „Lustwäscher" – krache es besonders häufig, besagt eine landläufige Annahme. Doch in der europäischen Verkehrsunfallstatistik liegt die Republik lediglich auf Platz acht. Sicherer sind die Straßen nur in Finnland, Schweden, Holland und England. Das Bild vom ständig Haxen, Weißwurst und Sauerkraut vertilgenden Teutonen trügt ebenfalls. Nirgendwo auf der Welt gibt es so viele und so unterschiedliche ausländische Restaurants wie in Deutschland. In Hamburg machen sie über die Hälfte aller Lokale aus. Sogar in einer deutschen Idylle wie dem fränkischen Amberg muss man lange nach einem Wirtshaus mit lokaler Kost suchen. Ein Italiener, Grieche oder Thai findet sich dort auf Anhieb.

Und die berühmten Sekundärtugenden, über die Oskar Lafontaine einmal hämte, man könne mit ihnen auch ein KZ betreiben? Fleiß, Ordnung, Disziplin, Pünktlichkeit, wo sind sie hin? Fakt ist: Deutsche haben die geringste Sollarbeitszeit in der EU (1573 Stunden pro Jahr), genießen aber nach Finnland, Italien und den Niederlanden den längsten Urlaub (30 Tage). Gleichzeitig wird blaugemacht und schwarzgearbeitet, als sei der Sozialismus wieder auferstanden. „Die einzige deutsche Vision, die ich erkennen kann, ist der Vorruhestand", sagt *stern*-Autor Peter Sandmeyer.

UMFRAGEN ERGEBEN immer wieder den Niedergang der Sekundärtugenden. Nur jeder Sechste räumt zu Hause überall auf, jeder Vierte findet auf Anhieb nicht seine persönlichen Unterlagen. Pünktlichkeit? Nicht bloß die Deutsche Bahn ist mittlerweile andauernd verspätet. Deutsche Manager nehmen es nach einer Studie der Universität Oxford mit Terminen ebenfalls nicht mehr so genau. Auch macht es ihnen weniger als Briten, Franzosen, Polen (!) oder Bulgaren (!!) aus, keinen Überblick über ihren Tagesablauf zu haben. Beim Erwerbsstreben haben uns sogar die Italiener überholt. Für 47 Prozent der Deutschen ist Kreativität und Spaß im Job wichtiger als guter Verdienst. Rund die Hälfte stimmt der Aussage zu: „Man sollte lieber sein Geld für ein schönes Leben ausgeben als sparen." Das US-Magazin „Time" prophezeite der deutschen Spaßgesellschaft ein buddenbrooksches Ende: „Kein plötzliches Zusammenkrachen, sondern eine lange Reihe von kleinen Fehlschlägen und Misserfolgen, die nahezu unbemerkt bleiben, während man an gutes Essen, schöne Kleider und die äußerliche Respektabilität denkt. Bis alles weg ist."

Beispiel „German angst": Zahlreiche besorgte Hamburger hielten das Nordlicht für Giftgaswolken

Es gibt Endemisches wie den Firmengruß „Mahlzeit", den man von morgens bis nachmittags hört

MAHLZEIT   MAHLZEIT

Die Images vom Deutschen sind hoffnungslos überholt, im Guten wie im Schlechten. Der „Geo-Saison"-Autor Hans Heinrich Ziemann berichtet, ein Nachbar habe ihn bei der Rückkehr in seine Londoner Wohnung launig wie folgt begrüßt: „Wo warst du so lange? Mal wieder irgendwo einmarschiert?" Dabei müssten gerade die Briten um die eher schwache Kampfeslüsternheit der Neudeutschen wissen. Während des Golfkriegs fiel nicht wenigen Soldaten ein, dass Waffengänge denn doch nichts für sie seien. Sie verweigerten nachträglich den Wehrdienst.

In dem Abenteuerfilm „Der Flug des Phoenix" aus dem Jahre 1965 spielt Hardy Krüger einen deutschen, gemütskalten, besserwisserischen Flugzeugkonstrukteur. Er macht mit Härte gegen sich und seine Mitpassagiere eine in der Wüste notgelandete Maschine wieder flott. Ein Unsympath, aber ein rettendes Genie. Der Film reflektiert noch den überkommenen Ruf der Deutschen als Technik-Champs. Vergessen, vorbei. Sollte es je ein Remake geben, müsste ein Inder Krügers Rolle übernehmen.

Füssen liegt in Japan. Oder in Amerika? In den Hotels der bayerischen Stadt wimmelt es von Besuchern aus Übersee. Der Grund heißt Neuschwanstein. Die Kitsch-Ikone des Legenden umrankten Bayernkönigs Ludwig II. versorgt die Kinder von Soichiro Honda und Coca-Cola mit dem romantischen Deutschlandbild, das so unausrottbar ist wie der Glaube an ein allzeit nebliges London. Eintritt DM 14,–, Tournummer 458, Einlasszeit 12:50 Uhr. Alles auf die Minute getimt, anders sind die Massen nicht durchs Schloss zu schleusen. Der Führer erzählt nicht viel vom sensiblen Märchenkönig, der sich das Leben nahm. Zu kompliziert für Japaner und Amerikaner, die ja doch bloß ein Foto wollen vom Schloss, mit sich selber im Vordergrund. Kein Ort in Deutschland entlässt den Fremden so ahnungslos. Neuschwanstein ist die normative Kraft der Postkarte.

DIE TOURISTISCHE ANSICHT Deutschlands oszilliert zwischen Kuckucks-Clock, Tauberkugel (ein in Rothenburg ob der Tauber verkauftes Brechmittel) und Autobahn. Sie generiert sich nahezu vollständig aus Bayern und dem Rheinland. Was der Flamenco für den Kraut, ist die Lederhose für den Yank – der Triumph des Klischees. Insofern ist es wenig hilfreich, auf der Suche nach des deutschen Pudels Kern auswärtige Menschen zu befragen. Immer mal wieder lässt man Gastprofessoren, Austauschschüler oder durchreisende Journalisten zu Wort kommen. Die sagen dann Dinge wie: „Der Deutsche ist ein metaphysischer Hamster", was uns auch nicht wirklich erhellt. Oder einer Südamerikanerin fällt auf, dass man auf deutschen Straßen nicht singt. Was freilich für die meisten Straßen der Welt zutrifft. Das Problem sei die kontrastierende Sichtweise der Ausländer, sagt der Volkskundler Hermann Bausinger: „Ein Japaner ist natürlich erschüttert, dass bei uns im Park um elf Uhr morgens noch arbeitsfähige Menschen herumsitzen." Bausinger wohnt in Tübingen, einem herausgeputzten Gelehrtenstädtchen. So mancher Bilderbuch-Deutsche lebte hier. Der empfindsame Dichter Hölderlin, der seine Landsleute für „tiefunfähig jedes göttlichen Gefühls" hielt. Der Philosoph Hegel, Vordenker des deutschen Idealismus. Der selbst ernannte Praeceptor Germaniae Walter Jens, der ausschaut, als nächtige er auf dem Nagelbrett, versendet von hier aus seine Moralpredigten an das deutsche Volk. Es war wohl unvermeidlich, dass Bausinger hier das Buch „Typisch deutsch"* einfallen würde. Es ist ein Spätwerk des Professors. „Die Frage nach der Volksseele war ja in der Wissenschaft lange verpönt", sagt er. „Sie galt als Blut-und-Boden-Thema, Nazi-Zeug."

Das Buch filtert Macken und Marotten der Deutschen aufs Vergnüglichste heraus. Freilich geht es irgendwie wie das (typisch deutsche) Hornberger Schießen aus. Genau besehen, resümiert der Autor, könne man fast alles vermeintlich Deutsche ebenso gut woanders orten. Gemütlichkeit zum Beispiel (Englisch cosiness, Französisch bien-être) findet sich in Form von röhrendem Hirsch und Gelsenkirchener Barock auch in Üzgürs guter Stube. Genuin deutsch sei aber die Technikfeindschaft bestimmter Kreise, deren Wurzeln sich bis ins 19. Jahrhundert nachweisen ließen: „Unter Akademikern war es lange schick, keinen Fernseher zu haben."

Hermann Bausinger: „Typisch deutsch", Verlag C.H. Beck

Geradezu verrückt ist die immergrüne Stehpinkler-Debatte

Solange ein Tropfen Blut noch glüht / noch eine Faust den Degen zieht / und noch ein Arm die Büchse spannt / betritt kein Welscher deinen Strand! Perlen der Reimkunst, die der Hymne „Die Wacht am Rhein" von 1870/71 entstammen. Zu besichtigen am Niederwalddenkmal bei Rüdesheim. Welsche, so hießen damals die Franzosen, deren schmähliche Niederlage die Deutschen lange Zeit in Hochstimmung hielt. Das Denkmal, gekrönt von der über zwölf Meter hohen Bronzefigur Germania, wurde 1883 eingeweiht. Ein Häuflein Anarchisten versuchte bei dieser Gelegenheit, den Kaiser mit Dynamit in die Luft zu jagen. Das Vorhaben, schlampig vorbereitet, scheiterte kläglich. Zwei Anarchos wurden hingerichtet. Für ein ordentliches Attentat, lehrt die Geschichte, braucht es schon ein paar deutsche Sekundärtugenden.

Es gibt viele 70/71er-Denkmäler in Deutschland. Pompöse wie das am Rhein und solche, die nur aus einer sorgfältig instand gehaltenen Haubitze bestehen. Da diesen Krieg Frankreich anzettelte, haben sie die Säuberungsaktionen der Historiker-Kommissionen überlebt. In heikleren Fällen wie dem martialischen Klotz am Hamburger Stephansplatz hat man ein Gegendenkmal errichtet. Es hat Millionen gekostet. Only in Germany.

Ja, es gibt Endemisches, nur hierzulande Vorkommendes. Der mit der Handkante ins Sofakissen geprügelte Knick. Die Bundeskegelbahn. Der Wettbewerb „Unser Dorf soll schöner werden". Der Strandburgenbau, den unsere Nachbarn schon nachahmen. Das tägliche, hingebungsvolle Staubsaugen. Die Verpackungsverordnung, eine bibeldicke Realsatire. Der Firmengruß „Mahlzeit", von zehn Uhr morgens bis drei Uhr nachmittags zu hören. Der Deutschrock, der es zu abstoßenden Erscheinungen wie Klaus Lage (West) und den Puhdys (Ost) brachte. Sehr deutsch war Klaus Kinski, die blonde Bestie. Und Derrick. Noch deutscher ist nur Werner Herzog.

Oder das Mülltrennen. Das „weltweit komplizierteste Müllsystem" („Financial Times") ist eine Nationalkomödie. Bis fünf Tonnen für unterschiedlichen Müll verstopfen deutsche Keller. Deren Inhalt wird am Ende größtenteils auf einen Haufen geschüttet, verbrannt oder in die Dritte Welt gekippt. Wenn Werkstoffe wirklich recycelt werden, so ist der Aufwand dafür in aller Regel viel zu hoch. Vier Milliarden Mark kostet allein das Sammeln, Sortieren und Verwerten von Verpackungsabfällen. Obwohl mittlerweile jedes Medium über den gigantischen Müllschwindel „Duales System" berichtet hat, trennen die Deutschen fanatisch weiter. Wie sie beinahe vor allem, was grün angetüncht ist, die Hacken zusammenschlagen.

Eine „Malkontentengesellschaft" nennt der texanische Ethnologe Richard McCormack den Stamm der Deutschen in einer hübschen Satire*. Jeder fühle sich von jedem gemein behandelt, jammere über soziale Grausamkeiten wie Schlechtwetterzulagekürzung oder Trennungsgeldminderung. „Den unserer Wohnung gegenüberliegenden Krämerladen haben wir als einen Ort der Weltuntergangsstimmung in Erinnerung. Apokalyptiker traten nirgendwo so massiert auf wie dort und verbreiteten einen Hauch von Verfall". Tatsächlich stößt die „German angst", das Untergangsgeraune (Waldsterben) und Endzeit-Gedöns (Klimakatastrophe) dem Fremden übel auf. In immer neuen Kampagnen, die professionelle Angst-Verwalter koordinieren, wird der Untergang der Gesellschaft durch neue Technologien, Märkte oder Medien beschworen. Erinnert sich noch einer an die absurdeste aller Paranoiker-Veranstaltungen, die Kampagne gegen die Volkszählung? Das war Anfang der 80er.

Momentan ist die Genforschung dran. Fortsetzung folgt. Deutsch sein heißt, eine Angst um ihrer selbst willen zu haben. Im April dieses Jahres riefen zahlreiche besorgte Hamburger bei Zeitungen, Sendern und Behörden an. Viele hielten eine bei uns seltene Himmelserscheinung, das wunderschöne Nordlicht, für Giftgaswolken. Only in Germany.

ES WIRD ZEIT, ein modernes deutsches Denkmal zu enthüllen: das des unbekannten Bedenkenträgers. Als Publizist, Naturfreund, Friedensforscher oder alternativer Nobelpreisträger mahnt und warnt er unablässig vor der Zerstörung des Planeten, geißelt satte Wohlstandsbürger, fordert noch höhere Benzinpreise und ein offenes Tor für alle Beladenen der Welt. Er hält sich für einen unbequemen Querdenker, doch sonderbar: Die Medien reißen ihm seine Thesen aus der Hand. Er hat Einfluss. Seit über 30

* Richard W.B. McCormack: „Unter Deutschen", Goldmann Verlag.

Der Bau von Strandburgen wird mittlerweile schon von unseren Nachbarn nachgeahmt

Typisch deutsch, mosert der bessere Mallorca-Tourist über verprollte Landsleute

Was es nur bei uns gibt, ist der mit der Handkante ins Sofakissen geprügelte Knick ...

Jahren liegt, nur zum Beispiel, die geplante Autobahn A 26 auf Eis, weil sich immer neue Bedenken dagegen finden. Zu den herausragendsten Eigenschaften des Deutschen zählt Hans Magnus Enzensberger seine „bewundernswürdige Geduld" und „unerschöpfliche Gutmütigkeit" angesichts der unendlichen Zumutungen von Abgreifern, Tugendwächtern, Bußpredigern und Denkwebeln.

Sogar die von „Bild" und Opposition inständig beschworene „Benzinwut" der Bundesbürger will so recht nicht aufschäumen. Was wäre dagegen auf Frankreichs Straßen los, wenn zu den hohen Treibstoffpreisen noch eine zweckentfremdete „Ökosteuer" hinzukäme? Wohl grummelt der Deutsche vor sich hin, doch revoltieren mag er nicht.

Dass Hitler Kinder und Hunde mochte, kann man auf dem Obersalzberg besichtigen. Diverse notdürftig als „Dokumentationen" getarnte Propagandabroschüren, die die Kioske verkaufen, zeigen den Führer in seiner ganzen Menschlichkeit. Bei Tausenden von Touristen, die jeden Tag mit kommunalen Bussen zu Hitlers Teehaus in 1800 Meter Höhe hinauffahren, bleibt da einiges hängen.

OBWOHL DER „BERGHOF", Hitlers Lieblingsdomizil, längst nicht mehr steht, auch sonst kaum etwas übrig ist von der ehemals weitläufigen Bonzensiedlung, floriert das Nazi-Sightseeing seit Kriegsende. Es verspricht den Hauch vom Privatleben eines Monsters.

Am Hotel „Türken" geht es in die Katakomben. Vorbei an MG-Ständen, Gasschleusen, Hundezwingern hinunter zum Führerbunker. Dessen Eingang ist vermauert. Der Thrill stellt sich trotzdem ein. Für die Amis ist Hitler eine Comic-Figur, so was wie Darth Vader. Immerhin, am ehemaligen Platterhof haben sie nun endlich ein Dokumentationszentrum eingerichtet, welches mit der Mär vom netten Onkel Adi aufräumt. Das hat Jahrzehnte gedauert.

Auch die zweite Nachkriegsgeneration konnte nie aus dem Schatten von Auschwitz treten. Das ist unmöglich, und es ist gut so. Aber es hat den Nachgeborenen auch zwanghafte Züge verliehen. „Der bezeichnendste Charakterzug der Deutschen", beobachtete der ungarische Schriftsteller László Földényi, „ist vor allem, undeutsch sein zu wollen." Eine Umfrage unter Berliner Studenten ergab, dass die Frage „Bist du typisch deutsch?" von fast allen negiert oder empört zurückgewiesen wurde.

Nur in Deutschland freut sich ein vermeintlich besserer Teil der Bevölkerung, wenn die Nationalmannschaft verliert – undenkbar anderswo. Der Wirt auf einer Tropeninsel, der seinen deutschen Gästen freudig mitteilt, soeben seien Landsleute von ihnen angekommen, erntet indignierte Mienen. Deutsche Touris? Wie furchtbar!

Wer etwas auf sich hält, gebärdet sich im Ausland, als wollte er potenzielle Asylbewerber abschrecken. Das Deutschland, das manche Deutsche den Einheimischen ausmalen, ist so etwas wie das Herz der Finsternis. Fremde nervt diese „Sucht der Selbstverachtung", wie sie der Münchner Essayist Frank Böckelmann nennt.

„Diese ständigen Selbstanklagen, machen mich wahnsinnig", notierte die französische Journalistin Pascale Hugues, die es in die deutsche Alternativszene verschlagen hatte. „Alles Deutsche ist aus Prinzip und per Definition zunächst suspekt. Italiener und Russen sind besser als Deutsche." Doch die Gutmenschen, die sich als Weltbürger wähnen, „gern italienisch essen, sich französisch kleiden, auf das asiatische Kino schwören und ihren Kindern komplizierte ausländische Namen geben", gewinnen wenig Sympathien. Um diese „Langweiler und Nervensägen", so Hugues, solle man „einen großen Bogen machen".

... oder die Einrichtung der beliebten Bundeskegelbahn

Ihr Buch „Deutsches Glück"* ist ein Potpourri erlesener Verrücktheiten und Hysterien – von den gewaltfreien Anti-Mücken-Mitteln der Öko-Freaks über die Vereinigung lesbischer Bäuerinnen gegen Gorleben bis hin zur immergrünen Stehpinkler-Debatte. Deutschland, du schräges Land.

Apropos. Die deutscheste Erfindung der vergangenen Dekaden war zweifellos der Tischmülleimer. Im Frühstücksraum jeder Hotelpension wartet er auf Abfall. Die Welt beneidet uns um dieses kerndeutsche Teil. Sein anonymer Schöpfer, er lebe hoch!

* Pascale Hugues: „Deutsches Glück", Deutsche Verlags-Anstalt.

© 2011 Neuauflage

© 2001 Lappan Verlag GmbH · Oldenburg
Würzburger Straße 14 · D-26121 Oldenburg

Vorwort: Rolf Dieckmann
Typisch Deutsch: Wolfgang Röhl,
erschienen im *stern* am 19.10.2000

Buchkonzept und Gestaltung: Dieter Schwalm
Umschlaggestaltung: Gerhard Haderer · Ulrike Eiken-Lücken
Reproduktionen: litho niemann + m. steggemann gmbh · Oldenburg
Druck und Bindung: Offizin Andersen Nexö Leipzig
Printed in Germany

ISBN 978-3-8303-3270-1

Der Lappan Verlag ist ein Unternehmen der
Verlagsgruppe Ueberreuter, Wien

www.lappan.de

® *stern* ist eine Marke der Gruner + Jahr AG & Co.KG